중미,

라틴을
꽃피운 땅

중미,

라틴을 꽃피운 땅

북클라우드

세상의 크기를 가늠하려는 인류의 도전은 끊임없이 진전되어 왔습니다. 그 안에는 질서에 대한 갈구와 함께 신에 대한 도전과 복종이 존재했습니다. 희랍은 알 수 없는 세상에 질서를 부여하여 설명하기를 좋아했고, 그런 정신은 유럽 정신의 좋은 자양분이 되었습니다. 희랍의 정신은 모르는 것을 외면하지 않고 모른다고 말할 수 있는 의지였기에 그들은 아는 세상은 표기하고 그렇지 않은 세상은 미지의 영역으로 남겨놓았습니다.

그리스가 알고 있는 세계는 자신들이 위치한 유럽, 지중해 건너편의 선진국 아프리카, 그리고 페르시아가 자리 잡은 동쪽의 아시아가 전부였습니다. 기원전 3세기 알렉산드리아 도서관장이자 지구의 반지름을 계산해낸 에라토스테네스Eratosthenes에 이르러서야 비로소 지구가 둥글다는 사실을 인지하기 시작했고, 기원후 2세기 프톨레마이오스Ptolemaeus가 지구가 둥글다는 사실을 증명하면서 세계지도의 기본 틀이 만들어졌습니다. 이를 'O, T 개념'이라고 하는데, 둥근 지구를 'O자'형으로 표시하고 'T자'형으로 지역을 구분한 지도를 뜻합니다. 둥근 지구의 틀이 'T자'로 분리되며 각 대륙은 인위적으로 구분된 세 부분의 틀 안에 자리 잡게 되었습니다. 그렇게 북쪽은 유럽, 서쪽은 아프리카, 동쪽은 아시아로 구분된 지도가 탄생했습니다. 중세 시대를 거치며 가톨릭이 덧칠해졌지만 유럽의 세계관은 변함없었습니다.

그런데 콜럼버스가 아메리카에 첫 발을 딛게 되고, 아메리카가 아메리고 베스푸치Amerigo Vespucci에 의해 지도에 없던 새로운 대륙임이 밝혀지면서 유럽은 새로운 고민에 빠지게 됩니다. 아메리카는 그야말로 인식세계에 없던 새로운 대륙이었습니다. 유럽은 기존의 틀 안에 아메리카를 어떻게 넣어야 할지 새로운 고민에 빠졌고, 그런 고민은 16세기 아브라함 오르텔리우스Abraham Ortelius가 그린 세계지도 『세계의 무대』에 잘 나타나 있습니다. 『세계의 무대』를 보면 아메리카가 'T자'의 왼쪽 부분을 전부 차지하는 큰 대륙으로 그려져 있습니다. 이는 현실과 너무나 다른 왜곡입니다. 유럽을 지도의 중심에 놓다 보니 대륙의 대부분을 차지하는 아시아와 아프리카가 왼편에 다 들어가야만 했고, 아메리카가 크게 확대되며 오른편을 전부 차지하게 된 기형적인 지도였습니다. 무리한 줄 알면서 그런 지도를 만든 것이죠. 아메리카에 대한 유럽인들의 당혹감과 희망이 이에 숨겨져 있는 것은 아닌지요.

파우스토 레이나가Fausto Reinaga는 『인디아 아메리카와 서구』에서 "서구적 사유의 핵심은 직선적 시간성을 토대로 하는 이성이다. 서구는 이러한 이성을 중심으로 세워진다"라고 말하고 있습니다. 유럽은 아메리카를 미지의 세계를 향한 전진에 대한 보답으로 보았을 것입니다. 유럽이 멈추어 있었다면 아메리카는 주어지지 않았겠죠. 신의 선물이든 도전의 보상이든 유럽은 아메리카를 선물로 받아들였고 거기서부터 아메리카의 역사는 시작되었습니다.

유럽은 새로운 시작을 원했고, 그 희망은 아메리카였습니다. 북미에서는 유럽의 희망이 잘 여물었지만, 남미와 중미에서는 여전히 결실을 맺지 못하고 있습니다. 북미와 중남미는 왜 다른 운명을 맞이하게 되었을까요. 풀리지 않은 궁금증을 안고 남미편『천만시간 라틴, 백만시간 남미』에 이어 중미편을 마무리하며 라틴아메리카 여행기의 끝을 맺습니다.

TOUR MAP

콜롬비아	베네수엘라	코스타리카	과테말라
보고타	카라카스	산호세	티칼
카르타헤나	푸에르토 오다즈	몬테베르데	아티틀란
메데인	앙헬 폭포	타바콘 온천	산 페드로 화산
		아레날	안티구아
		타마린도 해안	

멕시코	쿠바	유카탄	벨리즈
멕시코시티	아바나	유카탄	그레이트 블루홀
테오티우아칸	비날레스	치첸이트사	
소갈로 광장	산타클라라	툴룸	
치와와			

치와와
MEXICO
멕시코시티
아바나
산타클라라
CUBA
유카탄
OUT
그레이트 블루홀
티칼
BELIZE
GUATEMALA
안티구아
몬테베르데
산호세
COSTA RICA
VENEZUELA
메데인
보고타
앙헬 폭포
IN
COLOMBIA
나라
주요 여행지

차례

석유의 나라, 베네수엘라

ROUTE 2

에코투어의 낙원, 코스타리카

ROUTE 3

마야의 심장,
과테말라

ROUTE 4

ROUTE 5

비련을 품은 열정의 도시, 멕시코

자유를 향한 뜨거운 낭만, 쿠바

ROUTE 6

마야 문명의 미스터리를 쫓다,
유카탄 반도와 벨리즈

ROUTE 7

ROUTE 1

라틴아메리카의 보석,
콜롬비아

Bogota

역사와 문화로 피운 열정의 온도, 보고타

스페인의 흘러간 영광

보고타에서의 첫 날, 묘한 기운이 솟아 혼란스럽습니다. 제게 콜롬비아는 오랜 내전과 높은 범죄율로 인해 위험한 나라로 각인된 먼 나라였습니다. 지금은 그런 오해를 말끔히 씻어냈다고 생각했는데, 안내자는 여행에 앞서 오늘의 주의사항부터 브리핑합니다.

"우리가 방문할 볼리바르 광장에는 오토바이 날치기가 많아요. 핸드폰을 손에 들고 가거나 전화하는 순간 낚아채 갑니다. 어깨걸이 가방이나 카메라도 마찬가지니 한쪽 어깨에 메면 안 됩니다. 꼭 X자로 메야 해요. 특히 DSLR같이 큰 카메라로 사진을 찍을 때, 카메라를 드는 순간 낚아채는 경우가 많으니 조심하세요."

사진을 찍어도 괜찮은 건지, 가방을 가져가도 괜찮은 건지, 호텔은 돈과 여권을 놓고 가도 될 만큼 안전한 건지, 여행을 앞두고 혼란스럽기만 합니다. 콜롬비아는 신대륙을 발견한 콜럼버스의 이름에서 유래했습니다. 콜럼버스의 신대륙 발견은 '예수의 탄생과 죽음 이후 가장 위대한 사건'이라고 평가받는 위대한 업적입니다. 콜롬비아도 그에 걸맞는 우아함을 가져야 하지 않을까요? 하지만 오늘날의 콜롬비아는 이름처럼 빛나지 않으니 "비참한 자에게는 희망만이 약이다"라는 셰익스피어의 명언을 새기며 콜롬비아 여행을 시작합니다.

보고타의 볼리바르 광장에 들어서니 괜찮은 한나절을 보낼 수 있을 것 같은 기대감이 듭니다. 스페인 식민통치시대에는 4개의 부왕령이 있었습니다. 보고타는 그중 하나인 누에바 그라나다 부왕령Viceroyalty of New Granada의 수도로, 그 흔적이 남아 광장의 건물들이 웅장하고 멋있습니다.

은을 본위 화폐로 가지던 은본위 시대, 전 세계 은 생산량의 82퍼센트가 남미에서 생산되었고, 이는 곧 스페인의 소유였습니다. 스페인이 한참 잘 나갈 때였죠. 그해 인류가 창출한 부의 82퍼센트를 스페인이 독점한 셈이니 그들의 부와 화려함이 얼마나 대단했을까요. 남미에서 금과 은이 쉬지 않고 들어온 덕에 스페인 왕실은 주체할 수 없이 돈이 남아돌았습니다. 그에 비해 소비할 물건이 부족하니 인플레이션이 일어났을 테고, 스페인의 통화가 강해지며 생산 단가가 높아지자 스페인 내 생산 시설은 대부분 문을 닫았을 것입니다. 자국에서 물건을 생산하는 것에 비해 영국이나 프랑스에서 생산한 물건을 수입하는 일이 훨씬 효율적이고 저렴했으니 스페인의 산업기반이 무너지는 건 당연하지 않았을까요? 게다가 금융 자본주의도 발달하기 전이었으니 돈을 증식하지도 못했을 테죠. 그렇게 스페인의 자국 내 산업기반은 무너졌고, 스페인의 구매에 자극받은 영국과 프랑스는 산업혁명의 혜택을 입게 됩니다. 남미의 부가 스페인을 행복하게 만들어준 것만은 아닌 것이죠.

스페인이 주체 못할 부에 흥청망청할 당시에 스페인의 위대함을 보여주는 건축물들이 식민도시 곳곳에 들어섰는데, 대표적인 현장이 지금 걷고 있는 볼리바르 광장입니다. 라틴아메리카에 세워진 식민도시에는 광장을 중심으로 대성당과 권력기관이 자리 잡았고, 현실 권력과 영혼 권력의 공조 속에 스페인의 영광이 지속되었습니다. 리마의 플로레스 광장, 멕시코시티의 소갈로 광장, 보고타의 시몬 볼리바르 광장이 바로 그 현장이었습니다. 대성당 좌우로 자리 잡은 대통령궁, 대법원 건물 등 광장의 구조나 건축물의 위치, 건물의 외형마저 비슷합니다.

사라진 남미제국의 꿈

보고타는 리마, 멕시코시티, 부에노스아이레스와 함께 식민지 4대 도시였을 뿐 아니라, 스페인으로부터 독립한 후 라틴아메리카 전체를 통합하여 라틴아메리카 합중국을 이루려 한 시몬 볼리바르Simon Bolivar의 도시입니다. 라틴아메리카 독립의 아버지로 불리는 볼리바르는 베네수엘라에서 무장봉기를 일으킨 후 보고타에서 스페인 군을 격파하고 지금의 콜롬비아, 베네수엘라, 에콰도르를 묶어 그란gran, 大 콜롬비아를 건국했습니다. 여세를 몰아 볼리비아를 해방시켰고, 아르헨티나와 칠레를 독립시킨 산 마르틴Jose de San Martin과 연합하여 식민통치의 중심지 리마를 함락시키며 라틴아메리카 대륙의 독립이라는 대업을 완수했습니다.

볼리바르는 라틴아메리카 대륙의 독립이라는 1차 목표를 성취하고, 중미와 남미를 하나의 나라로 통합하여 라틴아메리카 합중국을 만들려는 정치적 도전에 나섭니다. 당시 가장 강력한 그란 콜롬비아의 대통령이자 에콰도르, 페루, 볼리비아 등 라틴아메리카에 속한 대부분의 나라를 독립시킨 지도자였던 그의 정치적 영향력은 대단했습니다. 때로 이해가 다른 여러 세력을 하나의 나라로 통합하는 데 전쟁이 가장 실효적이고 편한 방법이 될 수 있겠지만 볼리바르는 천하통일 전쟁을 벌이지 않았습니다. 이제 막 독립한 불안한 정권 때문이었을까요? 스페인이 다시 침공해올지 모른다는 불안감 때문이었을까요?

만약 볼리바르가 전쟁을 불사할 만큼 적극적이었다면 라틴아메리카는 하나의 합중국이 되었을지 모릅니다. 당시에는 볼리바르를 막을 세력이나 무력도 없었고, 그와 대적할 만한 정치적 비전을 가진 사람도 없었으니까요. 하지만 볼리바르는 전쟁이 아닌 정치적 타협을 선택했습니다. 결국 그는 정치적 해결을 추구하다 탄핵되었고, 그렇게 라틴아메리카 합중국은 꿈으로 끝나고 말았습니다. 볼리바르가 대통령의 자리에서 물러난 뒤에는 그란 콜롬비아마저 콜롬비아, 베네수엘라, 에콰도르로 나뉘었습니다. "라틴아메리카의 통합만이 자신의 영원한 신부다"라고 외쳤던 시몬 볼리바르는 실패한 정치인이 되었습니다. 중국의 시황제가 위대한 건 천하통일을 위해 전쟁을 마다하지 않았고 그로부터 중국이 하나가 되었으며, 그것이 오늘날 중국의 뿌리가 되었기 때문입니다. 어쩌면 시몬 볼리바르도 라틴아메리카에 희망과 미래를 가져다줄 수 있었을지 모릅니다. 하지만 그는 하지 못했습니다.

그러나 저는 시몬 볼리바르가 라틴아메리카 합중국에 집착한 이유가 매우 현실적이라는 생각이 듭니다. 미국은 51개의 주가 모여 합중국을 이루었습니다. 만약 미국이 51개의 나라로 나뉘었다면 강국이 될 수 있었을까요? 하나의 언어를 쓰고, 하나의 문화를 공유하며, 대립적이지 않은 민족으로 구성된 51개의 주가 하나의 깃발에 모여 같이 움직였기 때문에 오늘날의 강국이 탄생한 것이 아닐까 생각해봅니다. 이렇게 좋은 조건으로 세워진 나라는 인류 역사상 미국밖에 없습니다. 중국도 천하통일 전쟁이 끝나고서야 겨우 문자와 도량형의 통일을 이루었을 뿐이고, 문화적 통합은 이후로도 오랜 시간이 흐른 뒤에야 이룩되었으니까요. 이에 비해 라틴아메리카는 스페인에 의해 좋은 조건들이 이미 잘 만들어져 있었으니 시몬 볼리바르의 꿈이 얼마나 현실적인가요.

라틴아메리카가 북아메리카와 같이 잘 살지 못하는 이유는 무엇일까요? 가톨릭과 신교의 차이일까요? 혹은 새로운 삶을 꿈꾸며 가족과 함께 북아메리카로 건너온 이주민과 한탕 치고 돌아갈 요량으로 라틴아메리카를 찾은 이주민의 차이일까요? 순수 백인 국가와 인디오와의 혼혈 국가의 한계는 아닐까요? 인구의 백인 비율은 라틴아메리카의 우루과이나 아르헨티나가 미국보다 훨씬 높으니 백인 국가와 혼혈 국가의 차이는 아니겠죠.

그렇다면 라틴과 앵글로색슨의 기질 차이가 이유일까요? 라틴과 앵글로색슨의 기질 차이도 아닌 듯합니다. 식민통치 시대에는 포르투갈과 스페인 국민만 라틴아메리카로의 이주가 허가되었지만, 독립 후엔 서유럽에서 광범위하게 이민을 받아들였고 많은 유럽인들이 북아메리카뿐 아니라 라틴아메리카행 배에 올라탔기 때문입니다. 특히 98퍼센트의 백인 비율을 보이는 아르헨티나의 경우, 이민자 유치에 매우 적극적이어서 제2차 세계대전 이후 아메리카로 떠난 1500만 명의 유럽 이민자 중 600만 명 정도가 아르헨티나에 정착했고, 독일인과 이탈리아인이 특히 많았다고 합니다. 그렇다면 이주민의 의식 차이가 주요한 이유가 아니었을까요? 어쩌면 하나의 나라를 이룬 힘이 진짜 이유일지도 모르겠습니다.

만일 시몬 볼리바르가 꿈꾼 하나의 라틴아메리카 합중국이 탄생했다면 어땠을까 생각해봅니다. 베네수엘라는 배고픈 반미에 동참하고, 콜롬비아는 파나마를 강제로 빼앗기고도 한마디 못하고 주저앉았을까요? 멕시코는 국토의 반을 빼앗기는 어이없는 일을 당하고만 있었을까요? 쿠바에는 그래도 배고픈 혁명이 일어났을까요? 만약 볼리바르의 꿈이 이루어졌다면 역사의 운명은 어떤 모습이었을까요? 시몬 볼리바르의 꿈이 다시 필요한 시대가 오고 있지는 않은지요. 볼리바르 광장에 서니 그의 꿈이 위대해 보입니다.

볼리바르 광장에서 가장 유명한 건물은 팔라시오 데 후스티시아Palacio de Justicia로 불리는 대법원 건물입니다. 불행한 시대의 한 사건을 기록하고 있기 때문입니다. 1985년 화창한 어느 날 M19라는 반정부 단체가 대법원 건물을 점령하고 모든 마약범죄 기록을 소각하는 일이 발생했습니다. 정부가 이들을 강제 진압하는 과정에서 11명의 판사를 비롯해 115명의 사상자가 발생한 큰 사건이었죠. 당시 콜롬비아에는 정부와 대립하는 반정부 군사조직이 많았고, M19는 작은 군소조직에 불과했습니다. 작은 저항 단체에 불과한 그들이 어떤 이유로 그렇게 무리한 일을 저질렀을까요?

미국의 요구를 거부할 수 없었던 콜롬비아 정부는 마약왕 파블로 에스코바르를 수배했고, 파블로는 자신이 지은 교도소에서 수감생활을 하는 조건으로 재판을 받아들여 수감생활을 하고 있었습니다. 한 명의 죄수를 위한 40만 평의 교도소는 별장같이 화려했다고 합니다. 미국 정부는 파블로가 수감된 후로도 미국 내 마약 유통이 줄어들지 않자 파블로를 미국 법정에 세우기 위해 콜롬비아 정부와 범인 인도조약을 맺으려 했고, 복역 중인 파블로는 이를 막아야 하는 절박한 상황이었습니다. 콜롬비아에서는 자신이 지은 감옥에서 편안히 마약 사업을 하며 복역할 수 있지만 미국에 끌려가 재판을 받는다면 평생을 감옥에서 보내야 했을 테니까요.

궁금한 것은 죽을 수도 있는 상황에서 파블로를 위해 대법원의 범죄기록을 모두 소각하려 한 M19입니다. M19는 사회주의 혁명을 꿈꾸는 반군

조직으로 도시빈민과 대중을 대변하는 저항 단체였습니다. 마약 사범인 파블로가 그들에게 그리 중요했을까요? 아니면 파블로가 거절할 수 없는 금액을 제시한 것일까요?

파블로는 전 세계 코카인의 80퍼센트를 유통시키는 마약왕으로서 매주 4억 2000만 달러를 벌어들였으며, 1989년 포브스지에 따르면 250억 달러약 29조 원의 재산을 가진 세계 7대 부호였다고 합니다. 그에게는 돈과 관련된 여러 비화가 있습니다. 파블로는 미국 CIA에 쫓겨 안데스 산중에서 밤을 보낼 때 200만 달러약 25억 원의 현금을 태우며 밤을 지새웠고, 메데인 민가에 아파트와 축구장, 병원, 학교를 지어주어 메데인의 로빈훗으로 불렸다고 합니다. 반면 대통령에 출마한 후보자를 살해하기 위해 107명이 탄 아비앙카 항공기를 폭파했고, 경찰이나 정치인에게 은 뇌물과 구리 총알을 선택하게 한 후 은을 받지 않는 사람은 암살자를 보내 무자비하게 죽인 범죄자였습니다.

어마어마한 재산을 가지고 목적을 위해 수단을 가리지 않았던 마약왕을 위해 M19는 총을 들었습니다. "왜?"라는 질문에 앞서 파블로가 얼마나 많은 돈을 제시했을지 궁금합니다. 목숨과 바꾸는 비용에는 정해진 선이 없기 때문이죠. 돈을 무한정 써서라도 가고 싶지 않았던 미국. 파블로의 묘비에는 그의 바람이 그대로 옮겨져 있습니다.

"미국에 있는 감옥보다 콜롬비아에 있는 무덤을 더 선호한다Prefiero una tumba en Colombia que una cárcel en Estados Unidos."

광장을 벗어나 스페인풍의 중세 건축물이 인상적인 라 칸델라리아La Candelaria 역사지구를 지나면 페르난도 보테로의 박물관에 닿습니다. 익살스럽게 뚱뚱하고 관능적인 조각상은 마치 만화 캐릭터를 추구한 듯 코믹하다 못해 어안이 벙벙합니다. 사실적이지 않은 과장된 표현은 이면에 메시지를 품고 있다는 뜻이겠죠. 페르난도 보테로는 좌우 대립으로 고통받는 국민들을 대변하고, 사회적 불평등의 구조적인 모순에 불편하다는 말을 거침없이 하고 있는 것은 아닐까요? 현대에 들어 비만은 보기 좋은 풍채가 아니라 불편과 회피를 의미하니까요. 특히 풍만한 여자의 엉덩이에 점을 하나 남겨 비만과 대비되는 섹시함을 보여주려 한 장난스러움에 웃음이 나옵니다.

보테로는 다른 작가들과 달리 대부분의 작품을 시장에 팔지 않고 기부했다고 합니다. 보고타 박물관의 모든 작품은 그가 기증한 것이기 때문에 입장료가 없습니다. 보테로의 작품뿐만 아니라 그가 소장했던 피카소, 샤갈의 작품들도 함께 전시되어 있어 방문 가치가 높음에도 박물관을 무료로 개방한 것은 "예술은 일상의 고됨으로부터 영혼을 쉴 수 있게 해준다"라는 그의 예술철학을 유지하는 것이라고 합니다. 박물관에서 만난 보테로는 서민의 삶을 어루만져주었고, 저와 같은 여행자마저 품어주었습니다.

콜롬비아 중앙 평원은 해발 2500미터의 사바나 대지입니다. 아열대 기후의 풍족한 햇빛과 2500미터 고도의 온화한 기후로 사람이 모여 살기 좋은 조건을 갖추고 있습니다. 보고타를 떠나 1시간 30분 정도를 달리면 시파키라Zipaquira 소금광산에 닿습니다.

로마가 팽창하게 된 동기는 약탈경제의 쏠쏠한 재미를 잊지 못했기 때문이라고 합니다. 약탈을 위한 전쟁에는 안정된 단백질 공급, 즉 식량공급이 중요한 변수였습니다. 약탈의 대상이 멀리 있을수록 더욱 중요한 변수로 작용했죠. 이는 로마만의 고민이 아니었습니다. 로마화를 추구한 유럽 여러 나라의 공통적인 숙제였고, 대안은 소금이었습니다. 소금을 이용한 염장식품을 생산하게 되면서 군대의 활동영역은 더욱 넓어졌습니다. 식품 캔은 그렇게 전쟁의 필요에 의해 만들어졌으며 군대용 염장식품의 수요 증가는 소금광산과 염전 개발로 이어졌습니다. 시파키라 소금광산 역시 콜롬비아를 식민지배했던 스페인의 필요에 의해 채굴이 시작된 역사적 유물이겠죠.

시파키라 소금광산의 종착점에 이르는 길은 예수 십자가의 길 14처를 표현하여, 성당으로 통하는 통로를 따라 14단계로 구분된 조형물을 만들어 놓았습니다. 14처가 끝나는 지점으로 가면 교회 본당으로 들어가는 세 개의 문이 있습니다. 세 개의 문들은 각각 자신이 죄가 없다고 생각하는 사람을 위한 문, 죄가 있음을 알지만 회개하지 않은 사람을 위한 문, 그리고 죄를 회개하고 구원받은 사람을 위한 문을 의미합니다. 세 개의 문 중 나의 문은 어느 것일까요? 올바른 선택을 한 사람에게 알맞은 보상을 주려는 듯 문이 내려다보이는 지점에는 천사가 조각되어 있습니다. 문을 지나 본당에 닿으면 미켈란젤로의 대표작 피에타Pieta, 예수를 안은 마리아와 거대 벽면을 안으로 파서 십자가를 형상화한 교회 단상이 웅장하게 압도합니다. 교회의 천장은 자연 암반을 깎아낸 것뿐인데, 암반의 결이 우아하게 물결칩니다.

소금광산을 돌아 나오는 길은 예수 십자가의 길 14처의 역순입니다. 예수가 묻힌 무덤을 시작으로, 죽은 예수를 십자가에서 내려놓았던 지점과 예수가 최후를 맞은 십자가를 지나, 십자가를 바로 세우기 전 예수의 손과 발에 대못을 박았던 자리와 십자가에 못 박기 전 예수의 옷을 씻고 모멸을 주었던 곳을 지나고, 예수가 세 번째 쓰러진 곳을 지나 흐느끼는 여인에게 “예루살렘의 딸들아 나를 위하여 울지 말고 너희가 너의 자녀를 위하여 울라”고 말씀하며 위로하던 곳, 골고다 언덕으로 향하던 예수가 두 번째 넘어진 곳, 여인이 다가가 물수건으로 예수의 얼굴을 닦아주던 곳, 시몬이 힘들어하는 예수를 위해 십자가를 대신 메었던 곳, 아들의 고통을 참고 보아야만 한 마리아를 위로하던 곳, 십자가를 지고가다 처음 쓰러진 곳, 로마 군사들이 예수에게 가시관을 씌우고 홍포를 입히며 희롱하던 곳을 천천히 되돌아 나옵니다. 필름을 역으로 돌리듯 지나간 길을 되돌아 나오면 입구인 빌라도 총독의 법정에 다시 서게 됩니다. 예수가 재판을 받았던 빌라도의 법정에 서니 예수의 음성이 들리는 듯합니다.

"너의 신을 부정하는가."

"신은 세상의 주인이신 하느님 하나다."

"살고 싶지 않느냐."

"살고 죽는 건 너희들이 결정할 수 없다."

다시 빌라도 법정에 선다 하더라도 예수는 같은 주장을 하겠지요. 예수는 고통스럽고 공포스러웠을 순간에도 흐트러지지 않았습니다. 죽음을 향해 기꺼이 다가감으로써 영원한 삶을 얻었고 신이 되었습니다. 예수는 원래부터 삶과 죽음을 초월한 신이 아니었을까요?

소금광산을 나와 엘도라도 전설이 시작된 구아타비아 산상호수로 향합니다. 입구에서 만난 차브카족 안내자는 조심스럽게 한발 한발 심연의 의식세계로 안내합니다.

"뒤로 걸어서 건물 안으로 들어간 다음, 조용히 앉아 마음과 몸의 평화가 올 때까지 기다리세요."

구아타비아 호수는 신성한 곳이니 우리도 신성한 마음을 가져야 한다는 메시지를 주는 듯합니다. 차브카족의 전통에 따라 30분을 명상하고 호수로 향합니다. 2700미터의 고도에서 출발하여 호수를 품은 화구능선을 지나, 가장 높은 지점인 3100미터 고도에 다다릅니다.

차브카족의 추장 의례가 행해진 호수는 작고 가파른 화구호입니다. 차브카족의 추장 의례를 확인하고 기록한『엘 카르네오』는 "새로 추장이 될 사람은 전신에 진흙을 바르고 그 위에 금가루를 빈틈없이 뿌린 후 금과 보석으로 장식한 뗏목을 탄다. 의례용 뗏목이 호수 중앙에 이르면 가져간 귀

금속을 호수에 던짐으로써 신에게 새로운 추장을 봉헌하는 의식을 갖는다"라고 기록하고 있습니다. 엘도라도 전설은 그렇게 금과 연결된 이야기로 시작해 호수 바닥에 금이 잔뜩 있을 것이라는 추측으로 끝을 맺습니다.

차브카족은 정녕 금맥이라도 알고 있었던 것일까요? 호수를 내려다보며 깊은 숨을 들이켜니 차브카족이 겪었을 불행이 선연합니다. 유럽의 탐험가들이 몰려와 금을 가져오라고 들볶았을 테고, 차브카족의 많은 사람이 고통스런 죽음을 맞았겠죠. 라틴아메리카의 다른 지역에서도 그랬으니까요. 코르테스의 아즈텍 정복이 그랬고 피사로의 잉카 정복이 그랬습니다. 결국 정복자들이 원한 건 돈이었습니다. 돈으로 인해 불행을 당한 차브카족. 돈은 화를 부르는 꼬리표가 맞나 봅니다.

Cartagena

카리브해의 진주, 카르타헤나

스페인의 석양을 품은 도시

1708년 6월 8일, 남미 각지에서 각출한 금화를 싣고 스페인으로 향하던 대형선박 산 호세호가 영국 해적선의 공격을 받고 침몰합니다. 스페인의 무적함대인 아르마다의 호위를 받고 있었는데도 말이죠. 아르마다는 왜 금괴를 가득 실은 산 호세호가 침몰하도록 지켜볼 수밖에 없었을까요?

1588년 영국을 침공한 스페인이 칼레 해전에서 헛발질만 하고 돌아온 뒤, 스페인의 해군력은 서서히 기울기 시작했습니다. 영국의 일방적인 승리였다기보다 스페인의 일방적인 철수로 마무리된 전투였지만, 이 전투를 시작으로 스페인의 운명은 달라졌습니다. 시대는 영국의 변화에 손을 들어준 것이죠. 이후로도 스페인은 어렵게 제국의 영광을 지켜갔지만, 쇠퇴를 막을 수는 없었습니다. 18세기에 들어오며 영국의 성장은 절정을 향해 치달았고 스페인은 현저히 쇠퇴하기 시작했습니다. 산 호세호는 이러한 변화의 시대에 스페인을 향해 항해를 시작한 것입니다.

당시 산 호세호에는 약 1100만 개의 금괴가 실려 있었는데, 지금의 시세로 환산하면 엘지전자를 구입하고도 남는 약 150억 달러약 17조 원에 이른다고 합니다. 산 호세호의 침몰로 당시의 스페인 왕실은 궁핍했겠지만, 300년 만에 콜롬비아의 품으로 돌아온 산 호세호는 콜롬비아의 국가재정에 큰 도움이 될 듯합니다. 배 한 척에 그렇게 많은 금을 실어 날랐다면 유럽으로 흘러든 금은 얼마나 되는 걸까요? 유럽의 자산은 지난 천 년간 큰 변동이 없었습니다. 소폭의 증가와 감소가 반복되었을 뿐 일정한 수준을 유지했습니다. 그러다 17세기 중반에 들어서면서 부가 가파르게 증가하게 됩니다. 이를 산업혁명에 의한 자산의 증가로 평가하는 게 옳은 분석일까요? 라틴아메리카의 금과 은은 스페인을 통해 유럽 각지로 흘러 들어갔고, 자본이 확충된 유럽 사회는 소비할 여력이 늘어났습니다. 산업혁명의 시작은 곧 구매력을 갖춘 유럽의 희망이었으니, 이는 라틴아메리카의 금이 가져다준 사회변화가 아니었을까요. 라틴아메리카의 금이 아니었어도 산업혁명은 일어났겠지만 유럽 사회의 구매력이 폭발적으로 증가하지 않았다면 산업혁명은 한 세대를 더 기다려야 했을지 모릅니다. 그러니 산 호세호의 금괴가 상징하는 인류사적 의미가 예사롭지 않습니다.

스페인의 비련한 운명을 지키고 선 도시 카르타헤나. 비행기에서 내려다본 카르타헤나는 아름다운 해변에 고층건물이 가득 들어서 있어 칸쿤이나 마이애미 같은 인상을 줍니다. 카르타헤나는 1533년 스페인 선장 페드로네 에레디아가 발견한 항구 도시로, 스페인 남부항구인 카르타헤나에서 따와 이름을 지었습니다. 산 꼭대기에 자리잡은 산 아구스틴 수도원에서 내려다보면 카르타헤나는 천혜의 조건을 지닌 항구임을 알 수 있습니다. 스페인은 라틴아메리카 각지에서 거두어들인 재화를 자국으로 보내기 위해 4개의 항구도시를 개발했고, 각 도시는 단단한 성이 둘러싼 무역도시이자 군사도시로 발전해갔습니다.

카르타헤나는 아바나와 함께 그렇게 세워진 4개의 도시 중 하나였습니다. 카르타헤나는 도시를 단단히 감싸는 11킬로미터의 성벽에 대포를 걸고 해협 건너 바위산에 요새를 지어 영국함선의 접근을 막으려 했습니다. 카르타헤나가 아바나와 달리 영국의 공격을 물리쳤던 걸 보면 성벽과 요새가 군사적으로 우수한 건축물이었던 듯합니다. 카르타헤나의 첫 방문지로 스페인 군사공학의 걸작이자 군사적 열망의 유산인 산 펠리페 요새Castillo de San Felipe를 오릅니다. 산을 통째로 깎아 만든 산 펠리페 요새는 영국의 공격도 이겨내고 한 번도 적에게 점령당한 적이 없는 완벽한 요새라고 합니다. 하지만 바다를 빼앗기고 말았으니, 산 봉우리 하나를 지켜낸 것이 무슨 의미가 있을까요. 난공불락의 요새이자 스페인 군사공학의 백미라는 표현이 무색합니다.

종교재판의 비극

카르타헤나는 권력의 심장부인 산 페드로 구역과 상인과 평민의 거주 지역인 산 디에고와 게세마니 구역을 11킬로미터의 성벽으로 감싼 성곽도시입니다. 카르타헤나는 1983년에 유네스코 보존 문화유산으로 지정된 문화지구이며, '스페인 건축양식의 보석, 중독성이 강한 도시'라는 찬사를 받고 있습니다. 그 찬사에 동참하는 한 명의 여행객으로 16~17세기의 건축물이 가감 없이 밀집된 거리를 천천히 조심스럽게 걸어봅니다.

구도시는 해가 지지 않는 제국 스페인의 영광을 영화 세트장같이 가지런하게 조명하고 있습니다. 구도시는 세 구역으로 나뉘는데, 우선 노예와 평민이 거주했던 게세마니Gesemani 구역에서 탐방을 시작합니다. 게세마니는 독립전쟁이 벌어졌을 때 독립파를 지원한 저항의 공간이자 현재는 배고픈 예술가들이 모인 문화해방구로 예술성 높은 벽화가 가득합니다. 서민들의 삶이 자유롭게 이어지는 게세마니 구역을 벗어나면 권력의 심장부 산 페드로San Pedro 구역으로 연결됩니다. 산 페드로 구역임을 알리는 시계탑을 지나 주 도로를 따라 걸으면 노예시장이 열렸던 로스 코체스Los Coches 광장과 공식 행사가 개최되는 아두아나Aduana 광장을 지나고 바로크 양식의 웅장한 문이 있는 종교재판소에 다다릅니다.

종교재판의 역사는 깁니다. 선량한 청년을 현혹시켜 신을 믿지 않게 했다는 신성모독죄로 고발당해 사약을 받은 소크라테스와 유대교 대제사장의 고발로 사형이 이루어진 예수가 종교재판으로 희생된 대표적인 인물입니다. 네로 황제는 로마화재사건의 책임을 물어 종교재판의 형식을 빌어 크리스트교인들을 대량 학살하였죠. 이렇듯 종교재판의 역사는 길고, 역사의 변곡점에 종종 등장하는 주요 테마입니다. 그중에서도 스페인의 종교재판이 특히 악명 높았습니다. 스페인의 종교재판은 어떠했길래 이토록 강렬한 이미지로 남아 역사에 두고두고 회자되는 것일까요.

기원전 10세기 솔로몬 상단이 세비야에 도착하며 이베리아 반도에 유대인이 정착하기 시작했습니다. 그러니 유대인의 이베리아 정착은 원주민 역사와 궤를 같이한다고 봐야 합니다. 이후 이베리아 반도에는 여러 식민도시들이 만들어졌으며 로마의 확장에 따라 로마의 속주가 되었습니다. 로마에 저항하다 예루살렘을 떠나야만 했던 많은 유대인들은 이베리아 반도에 정착했고, 세파라짐이라고 부르는 유대 공동체가 이때 생겨났습니다. 로마가 기울기 시작하자 서 고트, 반달 등 게르만족이 이베리아 반도에 이주하여 지배왕조를 이어갔으며, 8세기에 들어서며 이슬람화된 북아프리카 모로코 왕조의 침공을 받아 800년간 무슬림의 지배를 받았습니다. 그러나 최후의 지배자는 결혼동맹으로 하나가 된 이사벨 여왕과 페르난데스 왕이었습니다. 이들은 이베리아 반도에서 무슬림을 몰아내고 가톨릭 국가를 세웠고, 이러한 뿌리가 현재까지 이어지고 있습니다.

이사벨 여왕과 페르난데스 왕은 이베리아 반도를 가톨릭 대지로 만들고자 했지만 문제가 있었습니다. 표면적으로는 가톨릭의 승리였지만 여전히 유대인의 영향력이 강했고, 800년간 지배층이었던 무슬림의 영향 역시 만만치 않았습니다. 가톨릭 교회의 입장은 어땠을까요. 200년간 이어진 십자군 전쟁이 실패하고, 뒤이어 유럽을 집어삼킨 흑사병이 출현했으며, 죽어가는 이웃과 가족을 보며 가슴에서 가톨릭의 신을 캐내고 이성을 채워가던 시대에 로마 교황청은 새로운 전기를 마련할 필요가 있었습니다. 그렇게 종교재판은 시대적 필요에 의해 시작되었습니다.

스페인의 종교재판은 악랄했고, 오래도록 지속되었습니다. 스페인은 왜 그토록 종교재판에 집착했을까요. 이베리아 반도의 유대인과 무슬림은 무역과 상업, 수공업에 종사하며 상당한 부를 지닌 반면 가톨릭 농민은 배고픈 칼잡이에 불과했습니다. 스페인 왕실도 배고프기는 마찬가지여서 국토 회복 전쟁이 끝난 뒤에도 곳간에는 나누어줄 재산이 별로 없었습니다. 왕실로서는 참으로 고통스러운 상황이었죠. 이에 스페인 왕실은 알함브라 칙령을 발표합니다. 개종하지 않은 유대인과 무슬림을 추방함으로써 그들의 재산을 효율적으로 몰수했지만, 대부분의 유대인과 무슬림은 개종을 선택하여 재산과 삶을 유지한 채 이베리아 반도에 남았습니다. 개종한 유대인을 콘베르소Conversos와 마라노Marranos라고 불렀습니다. 콘베르소는 진심으로 개종한 유대인으로 스페인 왕실과 경제적 유대를 갖고 있었습니다. 반면 개종은 하였지만 유대교 전통을 지키는 거짓 개종자를 마라노라고 불렀습니다. 대부분의 유대인 거주자는 마라노였고 스페인 왕실은 마라노의 숫자가 증가하는 걸 우려했습니다.

스페인 왕실은 마라노의 증가를 억제하고 그들의 재산을 탈취하기 위한 수단으로 국가종교재판소를 공인하게 됩니다. 『유대인 이야기』(홍익희, 행성B, 2013)에서는 "교황 이노센트 8세는 로마관할이 아닌 독자적 종교재판에 반대했으나 스페인 왕실은 이를 무시했다"라고 적고 있고, 『유대인의 역사』(폴 존슨, 살림, 2005)에서는 "종교재판을 허락한 로마의 교황 식스투스 4세마저도 스페인의 종교재판에 반대하며 '로마 교황청이 상고를 검토할 권리를 가져야 한다'고 요구했으나 페르난도 2세는 거부했다"라고 적고 있습니다. 여러 자료를 통해 본 스페인의 국가종교재판소는 정치적 이유에 의한 종교재판이었음이 분명합니다. 국가재정을 보충하고 불만세력을 제거하려는 정치적 의도가 기저에 있었던 것이죠. 그 결과는 의도한 대로 되었을까요? 『유대인 이야기』에 따르면 "스페인 종교재판소가 존속하는 동안 34만 명의 희생자가 생겼으며, 그중 3만 2000명이 화형을 당했고 29만 명이 처벌을 받았다"고 합니다. 왕실과 스페인 가톨릭 교회는 34만 명의 재산을 몰수하며 돈은 챙겼지만 중요한 것을 잃었습니다. 종교재판이 시작되면서 스페인 사회는 급격히 쇠퇴하기 시작했고, 라틴아메리카에서 들어오는 무수한 금과 은으로도 쇠퇴를 막지 못했으니까요.

스페인 종교재판소의 피고는 자신을 고발한 사람이 누구인지 알 수 없었습니다. 종교재판소는 사적인 원한을 갚기 위한 절호의 기회를 제공했으며 서로 간의 고발과 밀고를 조장하는 일이 많아 스페인 사회는 역동성을 잃고 극도로 조심스런 사회로 변해갔습니다. 누구나 고발할 수 있고 누구나 고발당할 수 있는 사회, 이웃도 친구도 없는 무한정의 적들이 우글거리는 사회, 즉 자신들이 쓰러트린 아즈텍과 다를 것 없는 야만사회로 치달은 것입니다. 그런 와중에 산업의 한 축을 담당하던 유대인의 역할이 사라집니다. 물건의 유통이 멈췄으니 아무리 라틴아메리카에서 금을 들여와도 그 부가 퍼져나갈 방도가 없습니다. 스페인이 가진 사회적 한계는 백성들이 새로운 희망을 찾아 대항해를 시작하게 된 동인이 되었지만, 외형적으로만 확장했을 뿐 문명제국의 길에 한 발자국도 들어서지 못했습니다. 문명이 없는 제국이 역사상 존재했었나요. 제국은 문명으로 꽃이 피고 완성됩니다. 다리우스는 페르시아를, 알렉산더는 헬레니즘을, 로마는 팍스 로마나를 이룩했습니다. 심지어 초원의 사자 몽골마저도 말에서 내려와 문명건설에 나섰고, 잉카나 아즈텍도 제국의 넓이만큼 문명 구축에 등한하지 않았습니다. 역사상 가장 여건이 좋았던 스페인은 정작 문명건설에 적극적이지 못했으니, 그 점이 참으로 아쉽기만 합니다. 문명은 다양한 생각을 뿌리 삼고 포용을 줄기 삼아 꽃피우는 완성체로서의 나무인데, 그런 나무를 갖지 못했던 스페인의 무기력은 종교재판의 결과가 아닐지요.

한낮의 파라다이스, 성벽 너머의 석양

한낮의 더위는 극악무도합니다. 그래서인지 아이스크림 가게마다 '파라다이스paradise'라는 문구가 붙어 있습니다. 한줌의 아이스크림이 파라다이스일 수는 없겠죠. 쾌적한 호텔에서 한낮의 더위와 습기를 피하고, 해 질 녘이 되어 호사롭게 성벽을 걷습니다. 11킬로미터의 성벽은 묵직한 갑옷 같습니다. 두께가 10여 미터는 되어 성벽 위로 마차가 지나갈 만큼 넓습니다. 이토록 단단한 성벽을 지어 놓았으니 스페인은 마음 편했겠죠. 하지만 그저 우물 안 개구리가 아닌가요. 단단한 성을 짓고 그 안에서 나오지 않는 바보에게 세상은 성의 크기로 끝나버립니다. 시대의 주인공 자리를 내주고 스스로 성 안에 갇혀버린 스페인을 생각하며 스페인을 가두었던 카르타헤나의 성벽을 걸어 카사 델 마르Casa del Mar를 찾아갑니다. 미국 여행 칼럼리스트의 추천이 있었기 때문입니다. 칼럼리스트는 카르타헤나의 석양을 즐기는 최적의 장소로 카사 델 마르를 놓치지 말라고 조언합니다. 5시 30분에 해가 저문다는 정보를 듣고 4시 30분에 찾아갔건만, 이미 카페에는 석양을 기다리는 사람들로 빈 자리가 없습니다.

세상이 한참 재미없어지는 중입니다. 누구나 같은 정보를 갖고 같은 시간에 같은 장소로 모여듭니다. 항상 유명하다는 장소에 가면 같은 생각을 가진 사람들로 북적거립니다. 여행도 과밀화된 도시의 얼굴을 닮아가고 있습니다. 누군가가 추천해준 장소에 가야 한다면 여행의 흥미가 반감되는 것은 아닌지요. 단지 찾아갔음을 확인하고 증거로 사진을 남기는 일은 흥미롭지 않은 여행입니다. 반복적으로 실패하다 하나를 건지면 어떤가요. 그게 여행이고 재미난 추억이 아닐까요. 저는 붐비는 카사 델 마르를 지나 호젓한 곳에 자리잡고 앉았습니다. 해는 매일 바다로 가라앉습니다. 그걸 보기 위해 남의 어깨 넘어로 고개를 내밀 이유가 있나요. 성벽은 11킬로미터나 되고, 석양과 마주하는 방향도 4킬로미터는 될 텐데요.

카르타헤나의 두 번째 날은 인피니트 수영장에서 한낮의 태양을 즐기고 다시 저녁이 되기를 기다렸다가 해안가 패들샵을 찾았습니다. 카르타헤나의 석양을 가장 극렬하게 즐기는 방법으로 LED 패들링Paddling이 최고이기 때문입니다. 3미터 길이의 패들로 대서양의 거친 파도를 가르고 나가 도심의 야경을 바라보는 투어는 다양한 재미를 선사합니다. 파도를 타고 넘는 스릴과 어둠 속으로 파고드는 짜릿함, 그리고 잔잔한 바다에서 바라보는 카르타헤나의 뒷모습. 반짝이는 신도시는 살아 있고 어두운 구도시는 서서히 꺼져가는 듯합니다. 영국 해적을 두려워하며 대서양 뱃길에 들어선 선원들의 마음이 이렇지 않았을까요. 등대만이 반짝이는 카르타헤나를 뒤로 하고 어두컴컴한 바다로 향했던 선원들은 언제나 그랬듯 무사히 대서양을 건너 세비야에 닿기를 간절히 바랐을 겁니다. 스페인은 그렇게 저물어갔습니다. 저물어가는 스페인을 위해 여전히 바다로 나가야 했던 뱃사람들. 대서양의 거친 파도를 가르고 나갔던 뱃사람들을 생각하니 『누구를 위하여 종은 울리나』(어니스트 헤밍웨이, 민음사, 2002)의 한 구절이 떠오릅니다.

"이 세상에 너 하나뿐이라서 널 사랑한 게 아니라, 널 사랑하다 보니 이 세상에 너 하나뿐이다. 그러므로 누구를 위해 종이 울리나 알아보려고 사람을 보내지 말라. 종은 그대를 위해 울린다."

카르타헤나 성벽 위에 자리 잡은 카사 델 마르는
카르타헤나의 가장 멋진 일몰 포인트로 알려진 곳입니다.
여기가 아니라도 성벽 위에서 맞이하는 일몰은 늘 아름답고 멋집니다.

Medellin

라틴아메리카 교회의 변신, 메데인

십자가와 칼

라틴아메리카 교회의 변화를 가져온 땅, 라틴아메리카 교회가 새롭게 옷을 갈아입은 땅, 메데인에서 교회의 역할을 생각해봅니다.

"만약 스페인 왕실이 참다운 복음화를 원한다면 십자가와 칼이 함께 가서는 안 된다."

아메리카 대륙을 식민지화하던 초기의 일부 젊은 성직자들은 스페인 왕실의 탐욕을 공격했습니다. 아메리카의 복음화가 철저하게 정치적 계산이 결부된 사업이었을지라도 젊은 성직자에게는 새로운 도전이었고, 이상을 펼치는 장이었기에 그들의 이상에 칼을 넣을 공간은 없는 듯했습니다. 하지만 젊은 성직자들의 저항은 미약했고 현실은 그들의 뜻과 정반대로 펼쳐졌습니다.

아메리카 원정은 스페인 왕실과 상인, 성직자, 탐험가가 공동의 목적을 추구하는 사업이었습니다. 서로의 꿈과 탐욕이 일치되면서 예리한 칼날은 원칙도, 이상도 없이 아즈텍과 잉카의 목을 겨냥했습니다. 아즈텍과 잉카가 망하고, 가톨릭 교회에 라틴아메리카의 복음화라는 명제가 주어지며 교회는 복음화라는 미명 하에 원주민을 외면하는 자기모순에 빠지고 말았습니다. 아메리카 원정대가 스페인 왕실과 공동의 목적을 추구하는 이익집단으로서의 한계를 끝내 극복하지 못한 이유가 무엇일까요.

콜럼버스는 그의 마지막 항해인 네 번째 항해에서 원주민을 처음 만났고, 그들을 배에 태워 스페인으로 데려갔습니다. 그리고 1512년 교황청은 그들을 사람으로 볼 것인지 짐승으로 볼 것인지 판단하기 위해 신대륙에 대한 첫 번째 종교회의를 열었습니다. 이 공회에서 교황 훌리오Julio는 인디오를 아담의 후예로 인정하면서 "원죄가 없으며 지적 수준이 낮은 인간"이라고 정의했습니다. 로마 가톨릭은 그때부터 복음과 전도라는 거대한 멍에를 짊어지고 교만해지기 시작한 건 아닌지요. 가톨릭 교회는 로마가 게르마니아에게 했던 대로 원주민을 가르치고 소유하려 했습니다. 아니 그 이상이었겠죠. 그들에게 원주민은 지적 수준이 낮아 교회가 지도해야 하는 대상이었으니까요. 로마 가톨릭은 유럽에서 배척되었던 경험을 이미 망각의 착오에 넣어 두었던 것이죠.

대부분의 교단이 선교를 목적으로 지배의 길을 갈 때, 예수회는 특이한 여정을 걸었습니다. 예수회는 원주민을 무시하고 일방적으로 가톨릭을 주입시키려 한 다른 교단과 달리 원주민의 의식세계를 먼저 이해하고,

원주민의 정서에 맞게 선교하는 '아코모다시오네스acomodaciones, 적응'라는 방법을 사용했습니다. 이런 노력의 결과 예수회 선교사들은 원주민을 가장 잘 이해하는 전문가이자 원주민의 진정한 보호자가 되었다고 합니다. 특히 예수회는 교육 사업에 치중하였기 때문에, 원주민의 개화에 지대한 영향을 끼치게 되면서 라틴아메리카에 가장 잘 정착한 교단으로 자리 잡게 됩니다. 예수회 선교사들이 포르투갈 왕정에 대항해 원주민들의 삶을 지키려 한 사건을 다룬 영화 『미션』The Mission, 1986에서 볼 수 있듯 원주민과 함께하려는 예수회의 목회자들은 왕실의 이익을 대변하는 가톨릭 중앙 교단과 갈등을 겪어야 했습니다.

라틴아메리카 대륙을 그저 착취의 대상으로 보아온 스페인 왕실에게 예수회의 성장은 반길 만한 일이 아니었을 것입니다. 예수회는 로마 교황청만을 인정했기 때문에 예수회의 경제적 결실은 왕실이 아닌 로마 교황청으로 흘러들어갔고, 교직임명도 왕실이 아닌 로마 교황청의 권위만 인정했기 때문에 왕실의 통치권에 문제를 일으키게 됩니다. 그뿐 아니라 예수회가 원주민을 보호하기 위해 만든 종교공동체 '레둑시온'이 엔코미엔다대 농장주를 대신하는 인디오 공동체로 새롭게 자리 잡게 되면서 농장에서 탈출하는 인디오들이 늘어났고, 그로 인해 엔코미엔다들이 직접적인 피해를 입게 되었습니다. 엔코미엔다의 피해는 동업자 관계인 왕실의 수입에도 영향을 미쳤겠죠. 스페인 왕실의 입장을 대변하는 교회 상층부와의 갈등, 교직임명권으로 야기된 왕실과의 갈등, 레둑시온이 확장되며 일어나는 농장주들과의 지속적인 갈등이 이어지며 스페인 왕실과 예수회는 돌이킬 수 없는 관계에 이르게 됩니다. 어쩌면 당시의 예수회는 부당함에 맞서 정의를 실현한 유일한 종교집단이 아니었을까요? 이러한 상황 속에서 왕권 강화를 추구하던 스페인의 왕 카를로스 3세Charles III는 1766년에 일어난 '에스낄라체 폭동'의 배후라는 이유를 들어 라틴아메리카에서 예수회를 추방하기에 이릅니다.

카를로스 3세는 예수회를 추방하고 득을 보았을까요? 레둑시온이 해체되고 인디오를 노예처럼 부릴 수 있게 된 농장주들은 재력을 키워 사병과 권력을 갖게 되었고, 후에 독립전쟁의 주축이 되었습니다. 되로 주고 말로 받은 꼴이죠. 무엇보다 스페인 왕실이 위기에 처하게 된 원인은 교육을 담당하던 예수회가 퇴출되면서 라틴아메리카에서 태어난 끄리오요층이 교육의 기회를 상실한 것이었습니다. 이는 백성들이 왕실에 등을 돌리는 계기가 되었고, 이 틈을 비집고 계몽주의 사상이 남미로 전파되며 독립투쟁의 불이 당겨진 원인이 되었으니 예수회 추방은 스페인 왕실의 큰 실책으로 봐야겠죠. 그뿐이 아닙니다. 2000여 명의 예수회 신부들이 추방된 사건은 교회와 왕실이 대립하는 모습으로 비추어져서 왕권이 약화되는 역효과마저 초래했습니다.

예수회 추방은 라틴아메리카 독립에 불을 지피는 촉매제가 되었으니 스페인 왕실은 예수회를 추방하고 라틴아메리카를 잃었을 뿐, 얻은 게 하나 없습니다. 스페인 왕실이 예수회에게 라틴아메리카를 맡겼으면 어땠을까요? 핍박받는 자리가 빛나는 건 핍박을 받고 있기 때문이 아니라 정의롭기 때문일 것입니다. 만약 스페인 왕실이 예수회에게 라틴아메리카를 맡겼더라면 스페인의 영광이 한 세대는 더 지속되지 않았을까요?

축복받은 복음의 땅, 라틴아메리카

식민시대가 끝나고 라틴아메리카는 여러 독립국으로 다시 태어났습니다. 라틴아메리카 교회는 왕실을 대신할 세력을 찾았고, 소수의 엔코미엔다 집단과 운명의 줄을 맞잡았습니다. 라틴아메리카의 정치는 좌우로 나뉘어 격렬하게 치고받으며 대립과 갈등을 낳았는데, 라틴아메리카 교회는 좌우의 대립을 어떻게 받아들였을까요? 교회의 역사에서 보수와 진보의 문제는 구교와 신교의 대립 형태로 나타났습니다. 로마 가톨릭에 저항해 영국 정교인 성공회가 독립하고 영국 정교의 보수화에 반대해 청교도가 생겼습니다. 서유럽에서도 로마 가톨릭에 대항해 여러 교파가 탄생했습니다. 새로운 세력은 권력의 독점과 정치화에 반대한 순수 복음화를 내세웠고, 구세력은 이들을 세상 물정 모른다고 타이르거나 윽박질렀습니다. 라틴아메리카에서도 교회는 같은 문제에 부딪쳤습니다. 가톨릭 교회는 그동안 축적해온 부를 증식하고 유지하기 위해 현재의 체제를 유지하려는 입장에 서게 됩니다. 그러다 보면 같은 생각을 하는 사람들과 친구가 될 수밖에 없는데, 그들이 대지주요, 보수정치가요, 군벌이요, 관료조직일 수밖에 없으니 라틴아메리카의 교회는 보수의 대변자가 될 수 밖에요.

스페인의 아즈텍 정벌 당시, 코르테스와 동행한 수도사는 금을 세느라 목테수마 2세아즈텍의 마지막 왕에게 세례를 내려줄 시간도 없었다고 합니다. 그렇게 시작된 라틴아메리카 복음화 역사는 식민 정부와 공존하며 막대한 부를 축척하였고, 사회의 주요 기득권 세력이 되었습니다. 그래서 가톨릭의 복음화를 칼의 정복인 동시에 십자가의 정복이라고 말합니다. 기득권 세력이 된 교회는 체제에 순응하는 인간을 만드는 데 기여하는 기구로 전락했다는 평도 받습니다. 독립전쟁에서도 교회는 스페인 왕실 편에 섰으며, 혁명의 시기에는 기득권 세력의 보호자를 자처하기도 했습니다. 교회는 이미 대지주이자 정치권력이자 관료조직이었기 때문입니다. 라틴아메리카 교회는 "머리를 숙여라, 복종해라, 참아라, 그리고 하늘나라에 가거라"라고 선량하게 말합니다. 그러나 "왜?"라는 질문에 대한 답을 가지고 있지 않았던 라틴아메리카 교회는 서서히 무너지기 시작합니다.

그럼에도 라틴아메리카는 오늘날 가장 축복받은 복음의 땅으로 남아 있습니다. 낮은 데로 임하라는 교회의 본분을 잊지 않은 목회자들이 있었기 때문입니다. 만약 권력화된 중앙 교단이 라틴아메리카 교회의 전부였다면 가톨릭은 라틴아메리카에서 공고히 뿌리내리지 못했겠죠. 하지만 라틴아메리카에는 예수회뿐 아니라 "왜?"라는 질문에 행동으로 실천한 성직자들이 많았습니다. 멕시코의 독립을 이끈 이달고 신부와 모랄레스 신부, 과라니족과 운명을 함께한 가브리엘 신부와 로드리엘 신부뿐만 아니라 항상 낮은 편에 있었던 일선의 성직자들의 행동이 라틴아메리카를 신성한 땅으로 남도록 구한 게 아닐까요.

역사의 큰 물줄기를 가른 메데인 주교회의

라틴아메리카 교회의 위기는 독립전쟁 시기부터 시작되었습니다. 독립전쟁 기간 동안 교회 상층부는 스페인 왕실에 충성한 반면 대부분의 일반 사제는 독립 세력을 지원하여 교회 내 갈등과 반목이 극에 달했습니다. 갈등이 해결되지 않은 채로 라틴아메리카는 독립했고, 새로운 시대를 맞이했습니다.

신생독립국은 대부분 헌법에 가톨릭을 국교로 선언했지만 교회의 힘을 줄여 나가야 할 필요를 느꼈고, 많은 수도원을 폐쇄하고 교회가 소유하고 있던 방대한 토지를 국가가 수용하는 정책을 내놓았습니다. 이 정책을 두고 교회 내 갈등과 정부와 교회 간의 반목은 극에 달했습니다. 일련의 변화된 환경을 겪으면서 교회 내부는 변화한 환경을 거부하는 '가톨릭주의'와 사회 변화를 수용하고 교회도 변해야 한다는 '반反가톨릭주의'가 대립했습니다. 가톨릭주의를 지지하는 교회 상층부는 식민시대에 해왔던 대로 교회가 국민생활 전반을 지배해야 한다는 주장을 폈고, 반가톨릭주의를 주장하는 젊은 목회자들은 교육과 사회생활에서 성직의 영향을 줄이고 정부의 교회 토지 수용 정책도 받아들이자는 입장을 내세웠습니다.

젊은 목회자들의 주장은 권력을 내려놓고 처음으로 돌아가자는 것인데, 교회 상층부의 입장에서는 가진 걸 내려놓기가 쉽지 않았을 테니 반가톨릭주의를 받아들일 리 없었겠죠. 그렇다고 젊은 사제들의 주장을 힘으로 억압할 수도 없었을 테니 교회 내 갈등은 쉽게 해결될 기미가 보이지 않았습니다. 정부의 입장 역시 어정쩡하기는 마찬가지였습니다. 국교로 천명한 가톨릭 교회와 대립할 수 없었으니까요. 역사적으로 교회에 반대하고 살아남은 정권이 있었나요. 논쟁과 대립 속에 교회의 자발적인 변신은 점점 멀어져만 갔고 시간이 흐르며 논쟁은 흐지부지되었습니다. 그렇게 가톨릭의 영광은 영원할 것 같아 보였습니다. 하지만 세상에 영원한 것이란 아무것도 아니거나, 없는 것이죠. 라틴아메리카 교회는 1950년대에 들어서면서 다시 큰 위기를 겪게 됩니다. 외면하려고 해도 더 이상 외면할 수 없는 반성의 시간이 드디어 온 것입니다.

전교에 충실하겠다며 사회문제를 외면하던 교회에 시민들은 지쳐갔고, 급기야 신도들이 교회를 등지기 시작했습니다. 부와 권력은 타협으로 유지할 수 있지만 신도들이 떠난 교회에는 남는 게 없습니다. 재산도 권력도 신도들에게서 나오는 것이니까요. 교회는 기로에 섰고 뒤늦게나마 깊은 고민이 시작되었습니다. 로마 교황청은 유럽에서 겪었던 종교적 신구 갈등과 분화를 원치 않았습니다. 당시 교회는 복음만이 성직자의 길이라는 교회 상층부와 사회의 구조적 모순을 타파하기 위해 현실 참여의 길에 들어서는 것이 교회에 주어진 역할이라고 주장하는 젊은 목회자 간의 신구 갈등을 겪고 있었습니다. 이제 재산과 권력을 조금 양보하는 정도로는 갈등을 해결할 수 없는 상황에 직면한 것입니다. 유럽 교회의 신구 갈등이 정치화된 교회에 반대하는 순수 복음주의의 추구였다면, 라틴아메리카의 신구 갈등은 복음주의를 주장하는 구세력과 현실 참여를 주장하는 신세력의 대립으로 나타난 것입니다.

유럽의 예에서 보듯이 종교 문제엔 적당한 해결책이란 없고 결국 갈라서는 수밖에 없으니 교황이 문제 해결을 위해 전면에 나서게 됩니다. 교황 바오로 6세는 라틴아메리카 교회의 분열을 막기 위해 1968년 콜롬비아의 메데인으로 주교들을 불러 모았습니다. 그리고 성직자들의 의견을 모아 '가난한 자에 대한 교회의 책임'을 통감한다는 개혁적 전교지침을 공포하여 라틴아메리카 교회의 갈등을 표면적으로 봉합하였습니다. 물론 반대 의견을 낸 주교들도 많았지만 당시에는 교황 바오로 6세의 의지가 워낙 강해 강령으로 채택되었다고 합니다. 바오로 6세가 승하한 뒤 교황청이 정반대의 입장을 취한 것을 보면 교회 상층부를 이루는 주교들이 바오로 6세를 크게 지지하지 않았음을 짐작할 수 있습니다. 하지만 메데인 주교회의는 역사의 큰 물줄기를 가르는 모임이었습니다. 교회가 반성과 함께 낮은 데를 살펴야 한다는 가르침을 재확인한 것이고 젊은 성직자들에게는 도전의 가치를 부여했기 때문입니다. 메데인 주교회의로 인해 해방신학이 탄생하였으니, 결과를 떠나 역사적인 전환점인 것만은 분명합니다.

콜롬비아에서 시작된 교회의 변화는 일부지만 극단적 현실 참여로 발전해갔습니다. 까밀로 또레스C. Torres 신부는 "가톨릭 신자가 혁명적이지 못하면 용서받지 못할 죄를 짓는 것이다"라는 말을 남기고 게릴라 운동에 뛰어들었고, 엘살바도르의 로메로Romero 대주교는 군부정권과 대립하다가 미사 도중 성전에서 암살당하는 일까지 벌어졌습니다. 신부들과 수녀들이 죽음을 당하는 불행한 사건이 반복되었지만, 낮은 데로 향하려는 성직자들의 의지는 굳건했습니다. 냉전 뒤에 숨어 정의의 한 축인 양 활개치던 독재정권과 군사정권도 성직자들의 입을 막지 못했으니 말입니다. 1970~80년대의 라틴아메리카 교회는 개혁의 지휘자였습니다.

메데인 주교회의에서 교황 바오로 6세가 '가난한 자에 대한 교회의 책임'을 선언했지만 가톨릭 내 해방신학에 대한 의견이 첨예했고, 보수적인 요한 바오로 2세가 교황에 선출되면서 교황청은 메데인 선언을 부정하기에 이릅니다. 심지어 1980년 교황청은 해방신학을 '시대를 달리 읽는 종교적 이론'이나 '새로운 신학'이기를 부정하고 마르크스의 계급 투쟁론에 영향을 받은 이데올로기로 규정하면서 메데인과 이별을 고하게 됩니다. 전대의 업적을 깡그리 무시하는 행태는 정치판의 전유물인 줄 알았는데, 교회마저 그랬다니 어울리지 않습니다. 교황은 신의 대리인이고 신은 두 얼굴이 아니기 때문입니다. 메데인 교회에 서니 그날의 음성이 쩌렁쩌렁 울리는 듯합니다. 라틴아메리카의 교회는 여전히 변화의 길목에서 서성이고 있나요. 이제는 안정을 찾았나요.

볼리바르를 꿈꾼 마약왕, 파블로 에스코바르

메데인에서 잊지 말고 만나봐야 할 역사적 인물이 하나 더 있습니다. 여러 에피소드의 주인공인 파블로 에스코바르Pablo Escobar입니다. 그의 행적을 찾아 아침 9시에 출발하는 파블로 투어를 따라나섭니다. 영민함으로 돈 냄새를 맡고 냉혹한 보복으로 주변을 평정했으며 미국을 상대로 배짱 좋게 마약장사를 한 남자. 볼리바르의 검을 차고 다니며 대통령을 꿈꾸고, 세계 7대 부호에 오른 기상천외한 남자. 볼리바르는 지난 1000년간 세계사에 중요한 영향을 끼친 인물 100명 중 25위에 선정된 라틴아메리카의 영웅이자 건국의 아버지입니다. 파블로는 볼리바르와 같은 라틴아메리카의 영웅을 꿈꾸었나 봅니다.

파블로가 보여준 행적은 이율배반적입니다. 22세에 마약 세계를 통일하고 전 세계 코카인의 80퍼센트를 주무르며 엄청난 돈을 모았고, 그 돈으로 메데인 빈민의 생활을 도와 메데인의 로빈훗으로 불렸습니다. 파블로는 자신이 만든 40만 평의 감옥에 자신이 고용한 경비병의 호위를 받으며 혼자 수감 생활을 하였고, 정부를 상대로 자신을 풀어주면 콜롬비아의 국가 부채 전부를 대신 갚아주겠다고 제안했던 돈키호테 같은 남자였죠. 그는 상대가 누구든 은과 납 중 하나를 선택하라고 압박했다고 합니다. 돈을 의미하는 은과 총알을 의미하는 납 사이에서 누구든 고민스러웠을 것입니다. 무모함도 거침이 없어서 마약카르텔을 해체하겠다고 공언한 대통령 후보를 암살하기 위해 항공기를 폭파시켜 100여 명을 죽게 했으니, 누구도 그의 요구를 무시하기 어려웠을 것입니다.

가이드가 들려주는 파블로의 기행은 가히 천재적입니다. 그는 15세에 남의 묘비를 캐서 파는 사업으로 시작해서 마약으로 영역을 넓힐 만큼 배짱이 두둑한 아이였습니다. 돈 씀씀이도 커서 특수부대에 쫓겨 안데스 산자락에서 밤을 보낼 때는 밤새 불쏘시개로 200만 달러를 태웠고, 메데인 빈민들에게 아낌없이 돈을 뿌려 국회의원에 선출된 후에는 대통령까지 꿈꾸었다고 합니다. 파블로 투어는 성모 마리아가 기적을 행했다는 미스틱 로사에서 시작해 파블로가 살았던 집과 그가 암살당한 빈민가 코뮤나 13가를 방문하면 끝이 납니다. 빈민촌으로 불리는 산동네 코뮤나 13가에서 내려다본 메데인은 산으로 둘러싸여 호젓해 보입니다.

"마약왕이 활동한 도시인 데 비해 치안이 괜찮네요."

"1990년대엔 세계에서 가장 위험한 도시 1위에 꼽혔지만, 지금은 17위까지 내려갔습니다."

"17위도 여전히 위험한 것 아닌가요?"

"선생님은 메데인보다 더 위험한 도시를 여럿 여행하셨네요. 그런데 왜 메데인만 위험하다고 생각하세요. 세상은 다 위험해요. 모르고 살 뿐이죠."

한편 파블로는 빈민가의 젊은이들에게 경찰 한 명을 살해하면 포상금으로 젊은이가 일 년 동안 벌 정도의 돈을 주었다고 합니다. 그러자 직업이 없고 생활고에 찌든 젊은이들이 너도나도 나서서 파블로가 지명한 경찰이나 반대편 인사를 죽이기 시작하면서 도시는 극도의 무법천지가 되었습니다. 이들을 시카리오Siccario, 자객라고 불렀는데, 오토바이를 탄 채 순식간에 총을 쏘고 달아나는 바람에 도시 전체가 극도의 공포에 떨었다고 합니다. 시카리오에게도 신은 필요했던지 사람을 살해하기 전에 미스틱 로사로 불리는 성모상 앞에 무릎을 꿇고 앉아 간절히 기도했다고 합니다. 그건 살인자이기 전에 인간으로서 가진 절대 부족분이겠죠.

페르난도 보테로의 애정과 가톨릭의 변신, 파블로의 기행과 시카리오의 고뇌가 담긴 도시, 메데인에서 콜롬비아 여행을 끝내며 한 가지 질문을 던집니다. 시몬 볼리바르의 꿈은, 교황 바오로 6세의 희망은, 파블로의 도전은 아직도 진행형일까요.

보고타의 볼리바르 광장.
왼쪽에 위치한 건물은 1985년 M19라는
반정부 군사조직이 강제 점령한 대법원 건물입니다.

엘도라도 전설이 유래했다는 구아타비아 호수는
고도가 3100미터에 달하는 산상호수입니다.

게세마니 벽화는 배고픈 예술가들의 저항의 몸부림이자 희망의 갈구입니다.
거리를 캔버스 삼아 피워 올린 예술혼이 화려하게 도시를 비춥니다.

yurikauno.com

1968년 교황 바오로 6세가 '가난한 자에 대한 교회의 책임'을 선언하여
해방신학의 모태가 된 메데인 교회의 전경입니다.

기적을 행한다는 미스틱 로사입니다. 암살자로 불리던 시카리오도
살인을 하기 전에 꼭 찾았다는 기적의 마리아상이죠.

ROUTE 2

석유의 나라,
베네수엘라

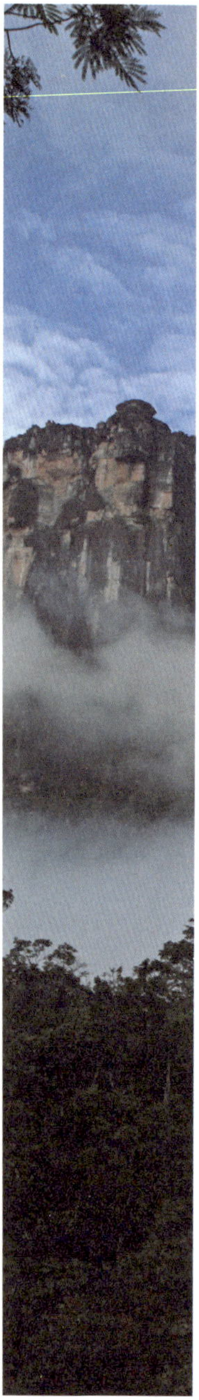

Venezuela

저항의 깃발 반미의 기수, 베네수엘라

석유의 저주와 베네수엘라의 위기

자원이 축복이 아닌 저주인 나라가 있습니다. 다이아몬드의 저주, 석유의 저주, 금의 저주 등 자원은 다양하게 저주의 멍에를 씌워 운명을 바꾸어 놓았습니다. 시에라리온은 다이아몬드로 내전이 끊이지 않았고, 수단은 석유로 인해 전쟁과 국가 분열을 겪어야 했으며, 잉카는 금으로 인해 제국을 잃었습니다. 베네수엘라로 향하며 베네수엘라에서 석유는 축복일지 저주일지 생각해봅니다. 한때는 석유 덕에 떵떵거렸던 나라가 지금은 먹거리조차 구하기 어려워 길거리 휴지통을 찾아 헤매야 하는 나라가 되어버렸으니 국민들은 이 상황을 이해할 수도, 받아들일 수도 없습니다. 그렇다고 베네수엘라에 대단한 변화가 있었던 것도 아닙니다. 단지 유가가 반토막났다는 것과 차베스가 죽었다는 것 외에 큰 변화는 없었습니다.

월터 D. 미뇰로Walter D. Mignolo는 『라틴 아메리카, 만들어진 대륙』(그린비, 2010)에서 "대서양경제는 자본 축적에 도움이 되지 않는 것을 점차적으로 평가절하하는 방식으로 발전했다"라고 대서양경제의 특징을 간략히 정의했습니다. 대서양경제를 이야기하면서 자원에 방점을 둔 설명은 어디에도 없습니다. 대서양경제는 자원을 밑천 삼는 경제 구조가 아닌 자원을 변형시키는 경제 구조를 의미하나 봅니다. 역사를 통해 보면 대서양경제가 확장됨에 따라 자원 축적에 집중한 경제권이 하나둘 나가떨어졌습니다. 자본資本을 축적하지 않고 자원資源을 축적하려 한 스페인이 먼저 경쟁에서 떨어져 나갔고, 군사력이 뒷받침되지 않은 네덜란드가 떨어져 나가면서 대서양경제의 중심지는 자본 축적에 성공한 영국과 프랑스가 독주하다가 다시 미국으로 옮겨갔습니다. 흐름에 반대한 세력은 하나씩 흡수되거나 배척당했다고 합니다.

제1, 2차 세계대전도 이와 같은 과정으로 봐야 할 듯합니다. 제1차 세계대전이 끝나고 폐쇄적이며 산업혁명에서 뒤처진 오스만 투르크와 합스부르크 왕가가 떨어져 나갔고, 제2차 세계대전이 끝나고는 대서양경제의 독주에 대적하던 독일과 일본이 대서양경제의 충직한 일원이 되었으니 세계대전은 대서양경제가 본격적으로 영역을 넓히는 주요 전환점이었습니다. 신생 소련이 세상 물정 모르고 정반대의 세력으로 자리 잡고 대서양경제에 대립하며 세계는 냉전이라는 새로운 대립구도를 시도했지만 결과는 이번에도 대서양경제의 승리였습니다.

드미트리 올로프Dmitri Orlov는 『예고된 붕괴』(궁리, 2010)에서 소련연방의 붕괴 원인을 낮은 유가와 군비경쟁에 기인했다고 설명하고 있습니다. 그의 주장에 따르면 소련은 석유생산량이 정점이었을 때 붕괴를 시작했고 3년이 지나 연방이 해체되었는데, 그 원인이 군비경쟁과 유가조작이라는 것입니다. 소련은 전후복구와 산업발전을 위해 중공업에 재원을 집중하고 민간 부분을 희생시키는 산업불균형 상태를 오래 겪었습니다. 시장을 정부가 주도하는 기획경제였고 많은 위성국을 거느린 연방의 맹주였기 때문에 중앙정부가 모든 걸 통제하는 대신 생필품 제공부터 위성국의 부채까지 모든 것을 책임져야 했습니다. 초기 사회주의 체제는 효율적으로 보였습니다. 거대한 계획에 의해 효율적으로 업무와 역할이 분담되고 모두 평등하게 자신의 일에 충실했습니다. 하지만 거기까지였습니다. 인간은 불완전할 뿐 아니라 탐욕스러우니까요. 사회주의가 성공했다면 유토피아에서나 나올 법한 인간사회가 현실로 구현된 것이겠죠.

겉으로는 웃고, 속으로는 썩어 들어가는 동안 소련연방을 유지시켜준 건 석유였습니다. 소련연방의 중앙정부는 연방을 유지하기 위해 재원확보에 매달릴 수밖에 없었습니다. 그럴수록 석유 의존적 산업이 비대해지는 반면 다른 산업분야는 발전이 정체되어 산업 간 불균형이 심각했다고 합니다. 부족한 생필품을 해외에서 싼 값에 들여와 무료로 분배하고, 자국 생산품은 품질보다 생산량에 초점을 맞추는 함정에 걸린 것이죠. 자국내 소비재 산업이 제 역할을 못하면서 부족한 생필품은 더욱더 수입에 의존하게 되었고 중앙정부는 더 많은 재원을 필요로 했습니다. 소련은 비대한 몸집에 힘겨워하며 비틀거리기 시작합니다. 석유를 팔아도 부채가 늘어나는 한계 상황에 이르렀을 때, 미국은 최후의 일격을 가했습니다.

소련으로 하여금 연방해체를 선택하게끔 한 강력한 무기가 무엇이었을까요? 역시 석유였습니다. 미국은 유가가 최고에 이르렀을 때 군비경쟁을 시작했고, 소련은 높은 유가만 믿고 미국과의 군비경쟁에 뛰어들었습니다. 군비경쟁이 시작되면서 소련은 무기개발에 필요한 부품을 더 많이 수입해야 했고 더 많은 석유를 팔아야 하는 악순환에 빠졌습니다. 그럴수록 석유 이외의 타 산업이 모두 희생되는 기형적인 산업구조는 더욱 심화되었습니다. 이후의 이야기는 너무나 안타깝고 가련합니다. 최고점을 찍은 지 얼마 지나지 않아 유가는 반 토막이 났고, 다시 반 토막이 되면서 20달러까지 주저앉았습니다. 부채를 이기지 못한 소련은 연방해체의 수순을 밟았습니다. 군비경쟁이 시작되고 연방이 해체되기까지 3년밖에 걸리지 않았다니 소련이야말로 석유의 저주를 받은 대표적인 나라입니다.

지금도 산유국들은 저유가로 숨을 헐떡이고 있습니다. 2년 전만해도 120달러까지 올랐던 유가는 40달러 선으로 주저앉아 오를 기미가 없습니다. 조금이라도 유가가 오를 조짐이 보이면 미국의 오일샌드 회사들의 공세가 시작되기 때문입니다. 유가는 오래도록 40달러 선에서 헤어나지 못할지 모릅니다. 석유를 무기로 과거의 영광을 재현하려는 러시아의 꿈을 꺾으려는 건 아닌지요. 90년대 초, 소련이 연방해체를 내주었듯이 이번에도 무언가를 내주어야 유가는 오를지 모릅니다. 이제는 러시아뿐만 아니라 베네수엘라, 중동의 복잡한 사정도 있습니다. 유가가 곤두박질쳐야 산유국들이 맥을 못 출 테니 대서양경제가 석유를 그냥 둘 리가 없습니다.

석유라는 자원에 목맨 나라들은 자본의 공세를 이겨내지 못하고 하나둘 목소리를 낮추고 있습니다. 자본 축적이 아닌 자원 축적에 힘을 쏟은 나라들이 대서양경제에 패해 쓸쓸히 사라졌던 과정이 오늘날에도 반복되고 있습니다. 베네수엘라도 소련과 같은 우를 범한 것일까요?

베네수엘라는 수출의 95퍼센트와 국내총생산GDP의 25퍼센트가 석유와 관련돼 있다고 합니다. 유가가 40달러 대로 내려앉은 2016년, 베네수엘라의 재정 적자는 국내총생산의 16퍼센트 수준에 이르렀고 물가는 200퍼센트 급등했습니다. 중동도 예외가 아닙니다. 중동 지역 국가들은 '아랍의 봄2010년 말 튀니지에서 시작되어 아랍 중동 국가 및 북아프리카로 확산된 반정부 시위 운동'이 자국에 파급되는 것을 막기 위해 복지를 확대하고 큰 폭의 급여 인상을 해왔기 때문입니다. 한번 늘린 혜택을 줄이려면 더 호된 갈등이 유발되니 빚을 지며 현상을 유지할 수밖에요. 석유 산업 이외의 경쟁력 있는 산업을 키우지 못한 결과 러시아나 베네수엘라, 중동의 산유국들은 전전긍긍하며 유가가 오르기만을 기다리고 있습니다. 그것밖에 대안이 없으니까요. 하지만 유가는 쉽게 오를 것 같지 않으니 베네수엘라의 고민이 깊어 보입니다.

그나저나 피해를 본 국민들은 누구에게 하소연해야 할까요? 베네수엘라는 외환이 바닥난 지 오래된 탓에 화폐 가치의 폭락을 겪고 있습니다. 그뿐 아니라 외환 부족으로 생필품을 수입하지 못하면서 인플레이션은 1000퍼센트를 넘었고 생활고에 시달린 서민들이 거리로 뛰쳐나와 사회는 대혼란을 겪고 있습니다. 화폐 가치가 이미 십분의 일로 줄었으니 재산도 90퍼센트가 사라진 것이고, 삶의 질도 90퍼센트 주저앉은 것이죠.

희망은 보이지 않고 기다려도 긴 터널의 끝이 보이지 않는 절망적인 상황입니다. 석유를 담보로 미국중앙은행에서 달러를 찍어주면 아무 일도 없었다는 듯이 해결될 일이건만 미국은 베네수엘라를 도와줄 마음이 없습니다. 그렇다고 베네수엘라가 달러 경제를 거스를 힘이 있는 것도 아니고요. 베네수엘라 국민들은 달러로 극심한 고통을 겪고 있습니다. 종이에 불과한 달러로 인해 인간의 삶과 존엄이 결정되니 대서양경제가 이룩한 질서가 공평한 것인지 되묻지 않을 수 없습니다.

저항의 깃발, 우고 차베스

2001년 노벨경제학상 수상자인 조셉 스티글리츠 콜롬비아대 석좌교수는 자신의 저서 『경제규칙 다시쓰기』(열린책들, 2018)에서 불평등은 필연이 아닌 선택사항이라고 말합니다. 대서양경제가 필연처럼 낳고 있는 불평등도 작은 규칙 몇 개를 바꿈으로써 만민이 행복한 균형사회로 바뀔 수 있을까요? 조셉 교수는 그런 사회를 만들기 위해 경제규칙을 다시 세워야 한다고 주장합니다. 조셉 교수와 같은 주장을 한 사람이 베네수엘라에 또 있었습니다. 지금은 고인이 되었지만 한때 반미의 대표적인 상징이었던 우고 차베스Hugo Chavez입니다.

우고 차베스의 집권 과정은 혁명과 민주주의의 양면을 띤 특이한 경우에 해당됩니다. 송기도는 『콜럼버스에서 룰라까지』(개마고원, 2003)에서 차베스의 쿠데타 실패와 투옥, 선거혁명과 역 쿠데타를 이겨내고 재집권하기까지의 정치 역정을 간략하게 설명하면서 베네수엘라를 멕시코, 코스타리카와 함께 군부 쿠데타와 독재의 악순환 없이 정치적 안정을 이룬 라틴아메리카의 모범 국가라고 소개합니다. 그러나 우리에게 베네수엘라는 쿠바와 함께 대표적인 불량국가로 깊숙이 자리 잡고 있습니다.

스페인이 지배하기 전 베네수엘라는 잉카, 마야, 아즈텍의 영향권 밖에 있는 외딴 지역이었습니다. 스페인 식민시대에도 금, 은이 쏟아져 나온 멕시코나 페루와 달리 베네수엘라는 카카오, 사탕수수를 재배하고 목축을 주 수입원으로 하는 지역이어서 가장 빈곤한 지역에 머물러 있었으나, 1920년대 석유가 채굴되고 산유국이 되면서 베네수엘라의 운명은 장밋빛으로 바뀌는 듯 보였습니다. 세계 5번째 원유 보유국이자 세계 3번째 원유 수출국이란 명칭이 이를 뒷받침하고 있습니다. 그런데 베네수엘라는 여전히 어렵고 곤궁합니다. 만약 베네수엘라에 석유가 없었더라면 계속 농사를 지었을 테고, 그랬으면 배고프지는 않았을 텐데요. 석유가 가득함에도 배고픈 사회는 무엇이 잘못된 것일까요? 석유를 팔아도 수익은 분배되지 않고, 국민의 70퍼센트 이상이 빈곤선 이하의 삶을 살고 있는데 반해 해외 자본과 일부 상류층만이 모든 수익을 독점하는 구조였기 때문입니다. 이렇듯 베네수엘라 사회가 갈등의 임계점에 다다랐을 때 차베스가 나타나 국민을 향해 외쳤습니다.

"만약 당신의 정원에서 금이나 다이아몬드가 난다면 비참하게 살아야 할 이유가 없다."

차베스는 1992년 공수부대의 중령 신분으로 지지자들을 모아 쿠데타를 일으켰지만 반대 여론에 밀려 실패하게 됩니다. 그는 "내가 모든 책임을 지고 감옥을 가겠다"라고 말하며 스스로 감옥을 찾아갔습니다. 방송을 통해 그의 용기를 지켜본 국민들은 부패한 정권에 항거한 영웅이자 유일한 희망으로 차베스를 받아들였고, 2년간 옥고를 치르고 출소하여 정치 활동을 시작한 그를 대통령으로 뽑아주었습니다. 그 어떤 정치적 기반이나 조직 없이 차베스 혼자의 힘으로 일구어낸 멋진 드라마였습니다.

차베스의 첫 집권은 선거공약 대로 신자유주의 경제에 반대하는 정책을 추진했습니다. 석유 산업을 국유화하고, 빈민 구제 사업을 다양하게 펼치면서 국민의 열렬한 지지를 얻었고, 대외적으로는 브라질의 룰라Luiz Inacio Lula da Silva, 볼리비아의 모예스Moyes, 쿠바의 카스트로Fidel Castro와 어울려 함께 반미동맹을 맺고 새로운 길을 모색하기도 했습니다. 차베스는 배짱 좋은 특전사 출신이기도 하고, 그가 집권했던 1998년은 냉전이 끝났을 뿐 아니라 무지의 시대가 지나간 뒤이기도 해서 미국도 지켜만 볼뿐 차베스를 어찌하지 못했습니다. 하지만 미국과의 갈등이 깊어지자 친미 성향의 군인들이 2002년 군사 쿠데타를 일으켰습니다. 쿠데타 군에 끌려간 차베스는 대통령 하야를 강요받습니다. 신사적인 강요는 아니었을 테죠. 죽음의 공포를 마주한 차베스가 무릎을 꿇고 대통령직을 내려놓았다면 베네수엘라의 운명은 또 바뀌었을 겁니다. 그러나 차베스는 끝까지 버텼고 그를 지지하는 하급 장교들이 쿠데타에 반대하는 데모대에 참여하면서 군부는 임시정부 지지를 철회하기에 이릅니다. 군부가 임시정부를 지지하지 않으면서 상황은 종료된 것이죠. 쿠데타 세력은 군부에 제압되었고 차베스는 풀려났습니다. 감금된 3일은 호된 시간이었지만 차베스는 목숨을 걸고 이겨냈고 다시 대통령의 자리로 돌아올 수 있었습니다.

영웅의 추락

대통령궁으로 돌아온 차베스는 "하나님의 것은 하나님에게, 카이사의 것은 카이사에게, 그리고 국민의 것은 국민에게"라고 외치며 쿠데타를 막은 국민의 지지에 감사의 뜻을 전했다고 합니다. 하지만 그것으로 차베스의 멋진 모습은 끝난 듯합니다. 이미 세상은 대립의 시대, 혁명의 시대를 지나 화해를 모색하는 시대에 들어섰기 때문입니다. 일방적인 대립보다 이해와 존중의 비용이 덜 든다는 사실을 깨우쳐가는 시대에 그는 여전히 대립의 시대에 머물러 있었기 때문입니다. 시대가 변화하며 차베스의 반미노선은 내용 없는 구호로 전락했고, 결국 정치적 명분으로만 남아 국민에게 별 도움이 되지 못했습니다.

차베스는 3선에 성공한 대통령입니다. 1기에는 민중의 열화와 같은 지지를 받아 부패한 과거정치 청산, 잘못된 산업구조의 개편 등 성취한 일이 많았습니다. 그러나 너무 서두르다 보니 후유증도 적지 않았다고 합니다. 민주주의든 독재든 좌우 날개가 있어야 안전한 비행을 하는데, 차베스의 정책은 한쪽을 심하게 상처 주고 한쪽에게 웃음을 주는 대리만족형

포퓰리즘 성향이 강했기 때문입니다. 2기에 들어서며 차베스의 정권에도 부패가 만연했고, 위로만 치닫던 유가가 서서히 내리막에 들어서기 시작합니다. 고유가 시대에 택한 정책들이 재원의 부족으로 삐걱거리기 시작하면서 지지자와 반대자의 대립도 점차 날카로워졌습니다. 차베스는 영웅이었으나, 그의 정치는 영웅이 되지 못했습니다. 정치적 상황이 불리해지면서 선거에서 승리하기 위해 한쪽을 버리고 한쪽을 택하는 정치를 택했기 때문입니다. 한쪽을 버리는 정치는 선거에서 승리를 가져다 줄지는 몰라도 치유하기 어려운 상처를 낳아 결국 모두를 피 흘리게 하는 나쁜 편가르기죠. 차베스는 3선 대통령이 되기 위해 무리한 정책, 눈에 띄는 정책에 손을 대기 시작했고 결국 스스로 명을 재촉하고 말았습니다. 누구에게나 해당되는 말이지만 독재가 되지 않으려면 재선을 넘지 말라고 합니다. 그는 결국 선임자들이 보여준 진리를 따르지 못했습니다. 차베스는 3선 대통령이 되었으나 베네수엘라를 위한 대안이 되지 못했고, 베네수엘라는 계속 추락하기만 했습니다. 첫 번째보다 두 번째가 지지율이 낮았고 세 번째에는 겨우 대통령에 당선되었으며 당선되고도 얼마 지나지 않아 암으로 사망하였으니, 차베스는 성공한 모습을 보여주지 못한 대통령이었습니다.

차베스는 대외무역에서 볼리바르 대안Alternativa Bolivariana para la America, ALBA이라는 국제연대를 만들어 달러교역이 아닌 물물교환 무역모델을 추구했습니다. 대표적인 사례로 쿠바에 필요한 석유를 제공해주고 쿠바로부터 2만 6000명의 의사와 교육자를 제공받은 계약입니다. 이는 차베스가 사망하기까지 달러 경제권에 맞서 이룬 대안무역의 대표적인 사례입니다. 하지만 차베스가 사망하면서 볼리바르 대안도 삐걱거리기 시작했고, 이내 달러 경제권에 머리를 숙이고 들어가 버렸으니 너무 석유만 믿은 게 아닌지요. 이후 화폐경제를 감당하지 못한 쿠바 경제도 덩달아 바닥까지 꼬꾸라졌고, 혁명의 상징인 피델 카스트로도 국가 평의회 의장의 권좌에서 내려와야 했습니다. 피그만 군사침공도, 미국의 경제봉쇄도 끌어내리지 못한 카스트로의 권력을 차베스가 끌어내린 것이니 석유의 저주는 가히 파괴적이라 할 만합니다. 피델 카스트로의 권력을 물려받은 라울 카스트로는 대서양경제와 공생하는 새로운 방안을 찾고 있습니다. 반면 베네수엘라는 여전히 갈 길을 못 찾아 허우적거리고 있습니다.

환율은 몇 배로 뛰었고 외국 항공사는 베네수엘라 정부가 달러 지급을 유예하면서 운항을 멈춘 상황입니다. 800달러를 환전했는데 작은 가방에 볼리바르bolivar, 베네수엘라 화폐가 가득하니 베네수엘라의 삶이 빡빡해 보이기만 합니다. 대서양경제의 승리이며 이상주의자 차베스와 카스트로의 실패로 끝난 것인가요? 다음은 누가, 어느 나라가 대서양경제가 낳은 달러 화폐 경제에 맞설까요? 이슬람인가요? 아니면 중국인가요? 그레이엄 엘리슨은 『예정된 전쟁』(세종서적, 2018)에서 최근 중국과 미국의 무역갈등을 단순한 무역갈등이 아닌 체제대결로 보고 있습니다. 대서양경제의 틀을 유지하려는 미국과 새로운 경제규칙을 만들려는 중국. 모두 자신에게 유리한 선택을 하려 하겠죠. 승자는 누가 될까 궁금해집니다.

Angel Falls

하늘에 걸린 태초의 숨결, 앙헬 폭포

아마존의 깊은 심연을 찾아서

카라카스를 떠난 비행기는 1시간을 달려 아마존 밀림에 세워진 도시, 푸에르토 오다즈에 도착합니다. 푸에르토 오다즈는 제트엔진을 단 비행기가 운행하는 꽤나 큰 도시입니다. 아마존은 부채꼴로 펼쳐져 하류에는 브라질만 있지만 상류에는 브라질뿐만 아니라 베네수엘라, 콜롬비아, 에콰도르, 페루, 볼리비아, 아르헨티나가 속해 있습니다.

아마존이 120도로 펼쳐진 넓은 지역에서 발원해 브라질 중부로 모여들게 된 것은 안데스 산맥의 융기와 관련이 깊습니다. 아마존은 지금과 정반대인 브라질 동남쪽 고원에서 서쪽으로 흘렀습니다. 대서양 연안에서 시작해 태평양으로 흘러간 것이죠. 그런데 2500만 년 전인 신생대 3기에 안데스 산맥이 융기하며 서쪽으로 흐르던 강이 산맥에 막혀 흐르지 못하게 되면서 넓은 저지대에 고이게 됩니다. 그렇게 고인 물은 수위가 높아지며 주변을 침수시키고 동쪽으로 역류를 시작했는데, 이로 인해 늪지와 정글이 만들어졌습니다. 그러니 아마존은 안데스가 선사한 선물이자 안데스의 자식입니다. 안데스는 하나의 산맥으로 뻗어 나가다가 볼리비아에서 오리엔탈, 옥시덴탈로 갈라지고 다시 에콰도르를 지나 콜롬비아에 이르면서 옥시덴탈이 둘로 갈리며 오리엔탈, 센트랄, 옥시덴탈로 나누어졌습니다. 따라서 갈라진 세 개의 안데스 산맥 중 맨 오른쪽에 자리한 코르디예라 옥시덴탈의 여러 봉우리와 능선이 진정한 아마존의 시원이라 볼 수 있습니다.

아마존의 풍부한 담수는 거대하고 울창한 정글을 낳았고 정글은 세계 산소의 30퍼센트를 생산하는 지구의 허파 역할을 하고 있습니다. 앙헬 폭포로 향하는 비행기에서 내려다본 아마존의 물줄기는 거대하고 장쾌합니다. 끝이 보이지 않는 광활한 습지와 미로같이 꿈틀거리는 강줄기, 빽빽하고 광대한 열대 우림과 굽이치며 흐르는 강의 유희가 혼을 쏙 빼놓습니다. 저 안에는 얼마나 많은 생명과 신비가 숨어 있을까요.

오다즈 공항을 떠난 비행기는 한 시간을 날아 카나이마Canaima에 내려앉습니다. 제가 탄 비행기에는 다섯 명의 아이를 포함한 일곱 식구의 원주민 가족이 함께 타고 있었습니다. 비행기는 밖으로 나가는 유일한 수단이므로 비행기를 이용하는 것이 당연하겠지만 식구가 많으니 비행깃값을 벌어야 하는 아버지의 어깨가 무거워 보입니다. 어쩌면 원주민은 무료이거나 아주 저렴하지 않을까요? 당연히 정부의 지원이 있어야겠죠. 원주민 인디오에 대한 배려와 보호는 민주 정부의 의무로 라틴아메리카에 자리 잡고 있으니까요. 차베스가 대통령이 된 후 의회의 2퍼센트를 인디오 몫으로 배정하며 인디오에 대한 의식 전환이 시작되었다고 합니다. 비행기에서 내린 인디오 가족은 마중 나온 지인의 차에 올라 정글 속으로 사라졌습니다. 아마존 어딘가에 있을 보금자리를 찾아갔겠죠. 그런데 여기는 브라질 국경이 지척인 아마존의 깊은 심연입니다. 그들에게 국경이 있을까요? 물질 몇 번이면 브라질일 텐데요. 처음 국경을 정할 때 그저 지도만 보고 구분하다 보니 지금의 국경이 되었고 존재도 모르던 앙헬이 베네수엘라에 포함되었겠죠.

농장의 울타리, 국경이 되다

지도에서 본 브라질과 베네수엘라의 국경선은 울퉁불퉁 굴곡이 심합니다. 아프리카 신생 독립국의 국경이 자로 그은 듯 일직선인 것에 비하면 이유 있는 땅 가름 같아 보입니다. 구대륙은 오래전부터 산맥과 강을 경계 삼아 거주지의 영역을 나누고, 고유 문화를 공유하는 사람들이 같은 지역에 거주했습니다. 그러다 보니 강과 산맥 같은 자연 장벽이 거주 지역의 경계가 되었습니다. 동일한 구역에 거주하는 사람들이 동일한 역사적 경험을 공유하면서 민족이라는 울타리에 갇히게 되었고, 자연스럽게 국가가 이루어졌습니다. 아마존에 사람들의 생활을 분리시키는 장벽이 있을 리 없습니다. 그런데도 치열한 전쟁 한번 하지 않고 국경이 이리 복잡하게 그어진 게 이상하기만 합니다. 그냥 일직선으로 그어도 문제없을 것 같은 아마존 정글에 국경을 정할 만한 사건이 있었을까요?

브라질은 라틴아메리카에서 흑인이 가장 많은 나라입니다. 플랜테이션 농업이 주요 산업으로 정착되면서 아프리카에서 흑인을 노예로 대거 들여왔기 때문입니다. 흑인의 수요가 많았다는 건 반대로 보면 원주민 인디오가 아주 적었다는 사실을 뜻합니다. 당시 라틴아메리카로 향한 흑인 노예의 40퍼센트가 브라질로 향했고 다음으로 많은 흑인 노예가 카리브 지역으로 향했습니다. 이는 현재의 인구 분포로도 증명됩니다. 남아메리카의 흑인 인구는 전체 인구의 5퍼센트에 달하는데 대부분 브라질에 모여 살고 있으며, 중앙아메리카의 흑인 인구는 전체 인구의 8퍼센트에 달하는데 대부분 카리브해의 섬나라에 분포되어 있습니다.

아이티의 경우는 98퍼센트가 흑인이며 도미니카의 경우는 10퍼센트의 흑인과 흑인과 백인의 혼혈인 물라토가 75퍼센트를 차지하고 있습니다. 쿠바도 흑인 인구가 적지 않은데, 12퍼센트의 흑인과 22퍼센트의 물라토가 거주하고 있습니다. 그래서 라틴아메리카는 아프리카를 제외하고 가장 많은 흑인이 사는 대륙으로 불리고 있습니다. 흑인 인구 비율이 높은 카리브해와 브라질의 경우, 식민지배를 받기 전에도 잉카나 아즈텍, 마야 같은 거대 왕국이 없었고 이로 인해 거주하는 인디오의 인구가 적었다는 공통점이 있습니다. 더불어 토양이 비옥하고 일조량이 높아 유럽의 1차 생산품 공급지로 개발된 지역이라는 공통점도 있습니다. 그런 이유로 흑인 노동자가 대거 유입되었고 현재의 인구 분포가 이를 보여주고 있습니다. 그렇다면 흑인의 인구 분포가 브라질의 국경선과 어떤 연관이 있을까요?

브라질의 영토 확장에는 탐험가와 대 농장주들의 역할이 중요했습니다. 포르투갈은 1494년 또르데실야스 조약에 의해 브라질을 품에 안게 됩니다. 1480년에 대서양의 아조레스와 까보베르데섬을 잇는 종단선을 기점으로 서쪽은 스페인이, 동쪽은 포르투갈이 소유하게 하는 교황의 칙령이 있었고, 이 칙령에 따라 스페인은 아메리카로, 포르투갈은 희망봉을 넘어 인도로 가는 역사적 역할을 맡았습니다. 두 나라는 세상을 절반씩 나누어 가졌건만 포르투갈은 분계선의 재설정을 요구했고 이를 받아들이지 않으면 전쟁도 불사하겠다고 엄포를 놓았습니다. 그건 포르투갈이 브라질의 정체를 알고 있었기 때문입니다. 전쟁도 불사하겠다는 포르투갈의 억지가 받아들여져 1494년에 또르데실야스 조약이 맺어졌으며, 이로 인해 브라질이 포르투갈에 편입되었습니다.

포르투갈은 스페인이 아즈텍과 잉카에서 캐오는 금을 보고 브라질에 공을 들였다고 합니다. 황금제국 엘도라도El Dorado가 아마존에 있다고 알려지면서 황금제국을 찾으려는 탐험가와 욕심꾸러기 퇴역 군인, 금강 개발업자가 아마존으로 몰려들었고 그들은 아무런 대가 없이 아마존 곳곳을 탐사하며 포르투갈의 영역을 넓혀 놓았습니다. 당시 유럽의 입장에서 아마존은 인식 밖의 땅이었고, 사람이 살지 않는 미지의 공간이었습니다. 새로운 땅에 도달한 탐험가가 좌표를 찍고 보고서를 작성해 왕실에 제출하면 왕실은 지명을 붙여 교황청에 알리고, 교황청이 인정하면 곧바로 자국의 영토로 편입되었던 선점의 시대에 남미 대륙의 반에 해당되는 브라질 영토가 서서히 만들어졌습니다. 황금을 기다렸건만 엘도라도는 아마존에 없었습니다. 실망한 포르투갈 왕실은 쓸모없는 땅이라며 귀족들과 탐험가들에게 나누어주었다고 합니다. 포르투갈 왕실이 동방 무역에 집중하면서 브라질은 외면받았지만 땅을 하사받은 귀족과 탐험가들은 아마존 내륙 깊은 곳까지 개발해나갔습니다. 그리고 라틴아메리카에 독립의 열풍이 불어올 때 농장주들이 베네수엘라와 브라질 중 어디를 선택하느냐에 따라 국경이 정해졌다고 합니다. 브라질의 역사도 베네수엘라의 역사도 농장 개발과 함께 시작되었으니 국경이 농장의 울타리를 따라 불규칙하게 이어진 게 너무나 자연스러워 보입니다.

아련한 아마존의 진주

아마존 정글 속 깊이 자리잡은 앙헬 폭포는 아마존의 진주답게 가장 외지고 고독하여 찾아가는 길도 복잡하고 호됩니다. 비행기를 두 번이나 갈아타고 앙헬 폭포로 향하는 시발점인 카나이마 캠프에 도착하자마자 롯지 매니저는 쉴 틈도 주지 않고 바로 앙헬 캠프로 떠나라고 재촉합니다. 앙헬 폭포에 가까이 가려면 아우얀테푸이Auyan Tepuy, 해발 2510미터에서 시작하는 추룬Churun강을 거슬러 가야 합니다. 보트를 타고 4시간에서 길게는 6

시간 가까이 강을 거슬러 올라가려면 물이 충분해야 하기 때문에 앙헬 폭포 탐방 시기는 우기인 5월부터 11월까지이고, 건기에 들어가는 12월부터는 갈 수 없다고 알려져 있습니다. 지금은 우기 막바지여서 그런지 카나이마 캠프도 한산합니다. 매니저의 조언을 귀담아듣고 서둘러 앙헬 폭포로 출발했습니다. 3일간 필요한 생수와 음식, 연료를 실은 긴 나무 보트는 물살을 가르며 신나게 달립니다. 한강만큼이나 넓은 추룬강 하단부를 지나 계곡 깊숙한 지점에 다다르면 바닥의 돌이 드러날 만큼 수위가 줄어들어 있습니다. 경험 많은 보트맨은 앞에서 노를 저으며 돌을 피하고 보트 후미에서는 프로펠러의 강약을 조절해가며 역류하는 물결을 헤쳐 나갑니다. 수위가 낮아 보트 바닥에 돌이 걸리고 한두 번은 내려서 보트를 밀기도 합니다. 그렇게 꼬박 5시간, 추룬강을 거슬러 올라가서야 앙헬 캠프에 닿았습니다.

캠프는 나무로 지은 개방형의 2층 구조물인데, 벽도 없고 비를 막을 지붕만 달랑 있습니다. 1층엔 식탁을 놓아두었고 2층에는 천장을 받치는 가래와 기둥에 해먹을 걸어 두었습니다. 해먹에서의 하룻밤, 짜릿하기도 하고 걱정되기도 합니다. 암벽 등반을 즐기던 젊은 시절에 인수봉에 매달려 잠을 자곤 했습니다. 서울의 야경을 보며 잠을 자는 운치까지는 좋았는데 허리도 아프고 해먹 안에서 몸을 움츠릴 수도 없어 몹시 불편했던 기억이 앞서기 때문입니다. 그런데 우려한 바와 달리 앙헬 캠프에 걸린 해먹은 그리 불편하지 않았습니다. 양 끝에 긴 나무대가 달려 있는 덕에 해먹이 오그라들지 않아 몸을 돌리는 게 가능하고, 몸을 옥죄지 않아 그런대로 괜찮은 잠자리였습니다. 지난밤을 꼬박 세웠고 비행기를 두 번이나 탔고, 보트를 5시간이나 탄 강행군 뒤라서 몸이 불편을 못 느낀 것일까요? 긴 밤이 아쉽지 않았습니다.

앙헬 폭포의 둘째 날은 폭포와 마주서는 날입니다. 앙헬 폭포는 정글 안으로 걸어 들어가는 동안 간혹 얼굴을 보여주기도 하지만 전망 포인트 Laime Vantage Point에 이르러서야 무엇 하나 걸치지 않은 모습으로 나타납니다. 폭포를 바라보고 있으면 실오라기 하나 걸치지 않은 나체 같아서 감미로운 미소가 지어집니다. 폭포는 날아오르려는 듯 살랑거립니다. 뽀얀 물보라는 제 얼굴을 촉촉히 적시다 사라지고 다시 다가와서는 저를 안으려는 듯 하늘거립니다. 바위에 누워 폭포를 올려다보며 반나절을 보냈습니다. 폭포라는 이름의 우윳빛 여자가 다가와 노래하고 춤추며 보듬습니다. 그 여자가 누구일까 갑자기 궁금해져서 폭포 속으로 걸어 들어갔습니다. 979미터를 뛰어내린 물은 호흡이 가쁜지 헐떡거리며 펴져나갑니다. 아득한 구름 속에서 뛰어내린 물, 앙헬은 비련의 천사인 듯합니다. 979미터 위에는 무엇이 있을까요. 추룬강을 따라 앙헬 캠프로 접근하는 동안 마주해야 했던 거대한 평원을 아우얀테푸이라고 부릅니다. 평평한 고원은 태초에 만들어진 판게아2억 5000년 전 존재한 땅으로 현재의 대륙으로 나뉘기 전 하나로 존재한 대륙의 잔해일까요?

태초의 대지는 대륙괴에서부터 시작했다고 합니다. 가장 먼저 대지의 씨앗에 해당되는 대륙괴가 생겼고, 그 주위로 용암과 물렁한 바위가 붙어 조금씩 넓어지며 대지가 탄생했습니다. 그린란드에서 발견된 16억 년 된 대지가 지구상에서 가장 나이가 많다고 하는데, 아우얀테푸이는 그보다 더 오래된 17억 년 전 바다에서 형성된 사암지층이라고 합니다. 그러니 가장 나이가 많은 땅인 거죠. 아우얀테푸이가 인상적인 건 융기하여 대지를 형성한 후 17억 년 동안 지각 변동을 겪지 않아 수평층을 이루는 보기 드문 안정 지괴라는 것입니다. 주변은 1킬로미터나 깎여나갔건만 아우얀테푸이는 17억 년 전 처음 모습 그대로 도도하게 서 있습니다. 1킬로미터 위의 저 대지엔 누가 살고 있을까요. 절벽으로 보호받는 절대 공간이자 외부로부터 차단된 고립된 땅이라서 생명체가 독립적으로 진화했다면 다른 지역에는 볼 수 없는 진화생명체가 있지 않을까 상상해봅니다. '노아의 방주'는 생명의 재배치였습니다. 아우얀테푸이는 아직 배 안의 생명체를 밖으로 내놓지 않고 있는 제2의 노아의 방주인 것이죠. 제2의 노아의 방주는 생명을 내어놓을 새 땅을 찾고 있을까요? 1킬로미터쯤 땅이 더 깎이고 나면 모습을 보여줄까요?

셋째 날 아침, 앙헬 폭포에 부딪혀 부서지는 햇살과 마주합니다. 쳐다볼 수 없는 하늘 끝에 자신의 몸을 감추고 세상의 전면을 주유하듯 폭포를 하나 걸치고 멋스럽게 자리 잡은 아우얀테푸이를 바라보고 있노라니 천천히 대지의 부속물로 굳어져감을 느낍니다. 대적하기 어려운 상대이니 그만 녹아버리기 전에 발길을 돌려 배에 오릅니다. 그리고 감탄과 찬사가 끝이지 않던 추룬 계곡을 빠져 나와 세상으로 돌아왔습니다. 조용한 심연 같지만 존재하는 모든 것을 지배하는 위대함, 천천히 그러나 온전히 교접하는 짜릿함, 현상에서 상상으로 이끄는 오묘함에 사로잡혀 앙헬 폭포가 사라지기까지 눈을 떼지 못했습니다. 하지만 그만 고개를 돌려 앞을 봐야죠. 뒤를 돌아보느라 고개가 굳어버려 망부석이 되기 전에요.

"이과수는 멋지고 우아하지만 아련하지 않아. 앙헬이 아련한 건 찾아오는 사람을 사랑하기 때문일 거야. 뽐내지도 않고 자랑하지도 않으면서도 가슴을 훑는 건 사랑밖에 없어."

저는 앙헬에 푹 빠진 듯합니다.

앙헬 폭포와 마주친 뱃사람은 그만 넋을 빼앗겼습니다.
수도 없이 본 광경일 텐데 볼수록 빠져드는 마법의 폭포인가 봅니다.

아우얀테푸이는 17억 년 전 모습 그대로 도도하게 서 있습니다.
언제쯤 그 모습을 보여줄까요?

한 여행객이 앙헬 폭포를 배경으로 요가자세를 취합니다.
폭포를 닮으려 해보지만 폭포는 저만치 날아오릅니다.

앙헬 폭포 캠프의 1층에는 식당이 있고, 2층의 해먹에서 잠을 청합니다.
영화 아바타의 주인공이 나뭇잎에서 편안한 잠을 이루었듯 아늑합니다.

추룬강을 따라 4시간을 다가갑니다.
드디어 만나게 된 아우얀테푸이와 앙헬 폭포는
그 누구도 상상할 수 없는 모습으로 나타납니다.

추룬강을 따라 앙헬 폭포로 다가가는 동안 거대한 고원평야를 만났습니다.
침식을 이겨낸 태초의 대지가 경이롭습니다.

ROUTE 3

에코투어의 낙원,
코스타리카

Costa Rica

군대를 해산하고 교육에 투자한 평화의 나라

자연과 인간이 공존하는 나라

자연이 생명을 품고 인간이 자연의 가치를 존중하는 땅, '자연과 인간의 공존지대'라 불리는 나라 코스타리카. '자연이 재산인 나라'라는 표현보다 멋진 구호가 있을까요? 하지만 공항에서 호텔로 이동하는 동안 도로는 차로 꽉 막혀서 꿈쩍도 하지 않습니다. 멕시코시티, 과테말라시티, 보고타와 같이 산호세도 과밀 도시의 교통 문제를 고스란히 지닌 듯합니다. 어느덧 교통 정체와 공해 문제, 쓰레기 문제가 과밀 도시의 상징처럼 되어 버렸고, 도시는 문제를 안고 성장합니다. 많은 나라들이 도시 과밀화를 해결하려 애를 쓰고 있지만 쉽지 않습니다. 인간의 욕구와 속성 때문입니다. 인간은 도시적 동물입니다. 인간이 도시를 만든 이후 7000년 동안 도시는 주변을 흡수하며 성장했고 도시의 속성은 바뀌지 않았습니다. 한마디로 인류 문명은 도시와 함께 탄생했고 성장했습니다.

여기서 바벨탑의 교훈을 생각해봐야겠습니다. 신은 높고 거대한 탑을 쌓아 하늘에 닿으려 했던 인간들의 오만한 행동에 분노하여 본래 하나였던 언어를 여럿으로 분리하는 저주를 내렸습니다. 신은 말하고 싶었나 봅니다. “경쟁은 나쁜 병이니 정신 차리고 넓은 대지에 뿔뿔이 흩어져서 행복한 삶을 살아라”고요. 신은 교훈을 주었지만 인간들은 여전히 도시에 모여 경쟁을 일삼으니 스스로 벌을 받는 모양새입니다.

저는 인간과 자연의 가치를 찾아 몬테베르데로 향했습니다. 몬테베르데로 달리는 도로는 잘 정비되어 있습니다. 밀집된 건물이나 집도 없고 버려진 건물도 보이지 않습니다. 유럽의 조용한 시골길이라 해도 부족하지 않은 정서입니다. 흑인은 고사하고 인디오조차 찾아보기 어렵습니다. 운전사는 한가한 시골길에서도 차를 정차한 후 좌우를 살피고 나서야 차량을 회전시킵니다. 오가는 차량이 없어도 교통신호를 어기지 않습니다. 횡단보도에선 어김없이 속도를 줄이며 보행자를 살핍니다. 행동 하나하나에 질서의식과 절제가 몸에 배어 있습니다. 절도 있는 행동엔 오랜 교육과 이를 지탱할 비용이 발생하고, 상대를 배려하는 사회의식을 만드는 데에도 적지 않은 시간과 비용이 들어갑니다. 원시의 자연과 카리브의 아름다운 해안을 끼고 있는 작은 소국, 메스티조가 국민의 대다수인 멕시코나 과테말라에 비해 백인의 비율이 80퍼센트가 넘고, 라틴아메리카이면서 라틴아메리카 같지 않은 나라 코스타리카에서 저는 가이드인 로만에게 물었습니다.

"당신들은 누구입니까?"

"코스타리카는 군대를 해산하고 그 비용을 전부 교육에 투자했습니다. 라틴아메리카에서 가장 교육 수준이 높은 나라죠."

돈이 많다거나 잘 산다는 설명보다 더 깊은 생각을 하게 하는 설명입니다. "우린 교육 수준이 높아요. 그러니 한 번 더 생각하고 우릴 판단하세요." 되새길수록 맛있는 말입니다. 군대를 해산하고 그 재원을 교육에 투자한 나라, 코스타리카는 '신념 우월주의를 가진 나라'인 것이죠.

군대를 포기하기란 쉽지 않습니다. 군대는 국민을 지키는 수단이기도 하지만 권력을 지키는 수단이기 때문입니다. 코스타리카는 군대를 포기함으로써 권력이 지배의 수단이 아닌 조정의 수단이란 걸 보여준 것입니다. 계급은 수렵 사회에서 농경 사회로 전환하는 과정에 생겨난 사회 현상이라고 합니다. 수렵 시대에는 식량을 제때 먹지 않으면 썩어서 버려야 했으니, 큰 다툼 없이 식량을 나누어 먹었다고 합니다. 하지만 농경 사회에 들어 곡물의 저장이 가능해지면서 식량을 저장해둔 사람과 그렇지 않은 사람의 사정이 달라지게 되었고, 식량을 많이 저장한 사람이 부족한 사람에게 식량을 제공하며 대가를 요구하는 사회적 관계가 생겨났다고 합니다. 요구가 명령이 되며 명령을 하는 사람과 따라야 하는 사람으로 나뉘었고 관계는 계급이 되었습니다. 그리고 그런 관계가 정착되어 9000년을 이어왔습니다. 9000년 동안 이를 불편해 하는 사람들은 혁명과 반란을 일으키며 관계의 변화를 모색했고, 어느 시대건 갈등은 무력으로 해결되었습니다. 그렇게 군대는 없어서는 안 될 필수 요소가 되었습니다.

그러니 군대를 없앴다는 것은 욕심을 포기한 게 아닐까요? 힘으로 욕심을 채워나갔던 9000년의 인류사에서 벗어나 있다고 봐야 하나요?

코스타리카가 군대를 없앤 건 군대로 인한 문제가 많았기 때문입니다. 개인 군대를 보유한 대 농장주와 까스틸요들이 활개치던 독립 초기, 군대를 거느린 토호들이 국가의 통제에서 벗어나 독자적으로 행동했던 탓에 국가 통합을 이루기가 어려웠습니다. 토호들의 대립은 잦은 내전의 원인이었고, 급기야 국가통치권을 두고 내전이 확대되었을 때 코스타리카는 미래를 위해 결단을 내려야 했습니다. 1948년 호세 마리아 피게레스 올센Jose Maria Figueres Olsen은 선거에서 승리했지만 이전 정부가 정부 이양을 거부하면서 양측 간에 내전이 발생했습니다. 올센이 이끈 반정부군이 승리하며 내전은 종결되었지만 그의 승리는 한시적인 안정이었습니다. 언제든 엔코미엔다와 까스틸요가 분란을 일으킬 수 있었을 테니까요. 올센은 코스타리카의 미래를 위해 무엇이 올바른 선택인지 고민했고, 군대 해산과 군사제도 폐지를 결심했습니다. 그는 항구적으로 군대를 조직하지 못하게끔 헌법에 군대 폐지 조항을 넣어 코스타리카에서는 헌법 개정을 하지 않고는 군대를 만들 수 없게 했다고 합니다. 올센이 군대를 해체한 이유나 정도전이 사병을 해체하려 한 이유는 같았을 겁니다. 정도전은 실패해서 죽음을 당했지만 올센은 성공해서 코스타리카를 군대가 없는 평화의 나라로 만들었으니 그의 도전이 위험하지만 멋져 보입니다.

하지만 아직 하나의 궁금증이 풀리지 않았습니다. 군대를 해산하고도 나라와 정권을 유지하는 데 어려움이 없었을까요? 군대가 없다는 것은 외국의 침략도, 자국 내 무력 집단의 준동도 막아낼 수단이 없다는 것이니까요. 군대를 해산한 코스타리카가 택한 대안은 다름 아닌 평화였습니다. 군대가 없으니 충돌을 피하는 일이 우선이고, 충돌을 피하려면 우선 남의 이야기를 듣고 나를 이해시키려는 인내가 필요하겠죠. 이해는 상충되기 마련이고, 이해와 양보 없이는 갈등을 낮추기 어렵습니다. 코스타리카는 평화를 얻기 위해 군대 해산이라는 먼 길을 마다하지 않았고, 결과적으로는 가장 경제적이고 현명한 선택이 되었습니다. 코스타리카 사람들은 평화가 돈이라고 말합니다. 평화는 어떤 첨단 기술보다 경제적 가치가 높고, 어떤 제도보다 효율적이라는 그들의 주장을 생각해봅니다. 우리도 남북이 평화관계를 회복한다면 국방비를 대폭 줄일 수 있을 테니 평화가 돈이고 포용이 투자라는 말이 어긋나 보이지 않습니다.

해양 문명의 흔적과 미스터리

코스타리카 첫 방문지로 국립박물관을 찾았습니다. 1949년에 내전이 종식되며 국립박물관으로 운명이 바뀌었지만, 그 이전까지는 정권의 심장부이자 요새였다고 합니다. 국립박물관에는 내전 당시의 무기와 문명의 외곽 지대라고 생각한 코스타리카에도 자생적인 해양 문명이 있었음을 보여주는 고고학관 등이 있습니다. 특히 재미난 건 거대 석구石球입니다. 마당 한가운데 놓인 거대한 석구는 제 키보다 크니 보기에도 무게가 엄청 나가 보입니다. 가이드 로만에 의하면 마당의 석구는 약 30톤이고, 가장 큰 석구는 약 50톤에 달하는 것으로 박물관 안에 전시되어 있다고 합니다. 50톤이면 이집트의 대피라미드에서도 가장 무거운 돌에 꼽히고 잉카의 삭사이우망에서도 손에 꼽을 만큼 무거운 돌에 해당됩니다. 멕시코의 신전도시 테오티우아칸에선 그렇게 무거운 돌이 쓰이지도 않았습니다. 그렇게 볼 때 고대 선진 문명에서 50톤의 무게는 다루기 가능한 최후의 무게가 아닐까 추측할 수 있습니다. 그런데 이 돌의 사용처가 다른 문화권에서는 상상도 하기 어려운 건물 지붕의 장식이었다고 하니 믿어지지 않습니다. 석구는 코스타리카 남부 해안의 원주민 문화인데 둥근 석구를 건물 위에 얹어 지위와 방향을 상징했다고 합니다. 다양한 크기의 석구가 발견된 것과 박물관에 전시된 석구가 여왕의 상징물이었다는 것으로 비추어 보아 지위가 높을수록 무거운 석구를 건물에 얹었고 무거운 돌을 지탱하기 위해 튼튼하고 큰 건물을 건축했으리라는 추측을 하게 합니다. 석구를 매만지다 보니 30톤의 둥근 돌을 어떻게 건물 위에 올렸고, 왜 그토록 어려운 일을 했을지 의문이 끊이지 않습니다. 더욱이 돌을 둥글게 다듬어 건물에 올리는 과정은 많은 노동력을 필요로 하기 때문에, 누구를 위한 노동이었을지 궁금합니다. 이집트의 피라미드, 테오티우아칸의 태양의 신전, 잉카의 삭사이우망, 심지어 중국의 만리장성까지 거대한 건축물은 제국의 상징이고 제국의 힘이 뒷받침되어야만 건축이 가능합니다. 우리가 알지 못하는 거대 문명 왕조가 코스타리카에 있었던 게 아닌지요. 그 흔적이나마 찾아보려고 박물관 안을 유심히 살펴봅니다.

그런 와중에 저는 하나의 물체에 궁금증을 갖게 되었습니다. 세 개의 발이 달린 솥 형태의 맷돌입니다. 네 개의 다리를 가진 물체가 보다 안전할 텐데, 세 개의 지지대를 둔 이유가 있을까요. 중국 상고시대에 '삼족정三足鼎'이라고 불리는 세 발 달린 솥 모양의 청동 가구가 천자天子의 권위와 법통法統을 상징했듯 세 개의 지지대를 가진 물건은 중요한 의미를 가지고 있지 않을까요? 이 삼족정의 장식이나 용도로 볼 때 중국의 삼족정만큼이나 중요하고 의미 있게 쓰인 도구로 보입니다. 코스타리카에 중국의 상나라와 문명적 동질감을 가진 해양 민족이 있었다면, 그들이 멀리 태평양을 건너온 것인지 의심하게 합니다. 상나라는 은나라 왕조로 기원전 1600년경 존재한 최초의 중국 내 왕조입니다. 은나라를 세운 사람은 태항산과 진령산맥 사이로 흐르는 황하 물줄기를 거슬러 중원에 이르렀고 지금의 정주에 은왕조를 세웠습니다. 이들은 동쪽에서 왔다고 하여 동이족으로 불렸는데, 우리 민족의 조상인 동이족과 어떻게 다르고 무엇이 같을까요? 코스타리카 남부 해안에 동일한 삼족정의 도구를 사용한 사람들과는 어떻게 같고 다를까요? 동이족은 중원으로 진출하기 전에 황하 하류의 해안에 살던 사람들이었으니 바다가 서로를 연결해주었을지 모릅니다. 문화는 걸어서도 날아서도 파도를 타고서도 이리저리 오가며 영향을 미치니 둘의 연관성은 어디까지인지 궁금하기만 합니다.

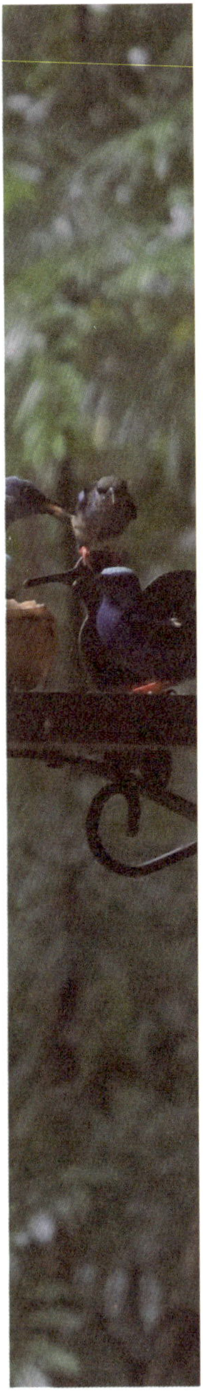

Monte Verde

자연주의 정신의 메카, 몬테베르데

자연에서 세상을 바꾸는 해답을 찾다

몬테베르데Monte Verde, 트리하우스Tree House, 아레날 화산Arenal Volcano, 포아스 화산Poas Volcano, 타마린도Tamarindo로 이어지는 4일간의 코스타리카 자연 생태 여행을 떠납니다. 친환경 트리하우스 마을로 알려진 핑카 벨라비스타Finca Bellavista를 여정에 넣고 싶었지만 동선이 맞지 않아 아레날 국립공원 주변에서 트리하우스를 찾았습니다. 핑카 벨라비스타는 미국인 에리카와 매트 호건Erica and Matt Hogan이 코스타리카 남부 열대 우림에 정착하며 시작되었고 이후 생각을 같이하는 사람들이 하나둘 모여들며 오늘날의 친환경 마을로 성장했다고 합니다.

마을은 모든 인위적 에너지를 배격하고 생활 쓰레기도 마을 재생센터에서 100퍼센트 분해하며, 가급적 자연에 영향을 미치지 않는 환경을 만들었습니다. 집도 지상에서 수십 미터 떨어진 나무 위에 짓고 타잔과 같이 살아간다고 하니 그들의 삶이야말로 행복한 삶이라는 생각이 듭니다. 열대의 나무는 굵기가 2~3미터에 달하고 하늘로 20~30미터 곧게 뻗어 콘크리트 기둥같이 단단합니다. 나뭇가지도 단단해서 나뭇가지 사이에 상판을 고정시키면 그 위에 작은 집을 지을 수 있습니다. 이것이 보통 트리하우스라고 불리는 숲 속의 집입니다. 나무 위에 집을 지었으니 지상에 내려갈 일이 없다고 합니다. 그래서 이웃을 방문할 때도 공중 구름다리를 이용하거나 캐노피canopy라고 불리는 나무와 나무 사이에 걸쳐진 줄을 타고 이동한다고 합니다. 숲과 같은 높이에서 숲처럼 살아가는 그들의 삶, 단순함이 미덕인 자연스러운 삶, 그들은 숲의 중요성을 일깨우고 인간이 자연의 일부로 공존할 수 있음을 보여주고 있는 것인가요? 아니면 또 다른 숲의 파괴인가요?

코스타리카에는 핑카 벨라비스타와 같은 마을이 또 있습니다. 비슷한 생각을 가지고 비슷한 삶을 살아가는 사람들이 사는 곳, 몬테베르데로 향합니다. 몬테베르데는 1951년 미국 정부의 정책에 반대하는 12가족의 퀘이커 교도Quakers가 코스타리카로 이주하여 열대 우림의 땅을 매입하고 그 땅을 보존하며 살아가는 퀘이커 공동체입니다. 이들은 자신들의 신념대로 자연과 소통하는 삶을 살았으며 몬테베르데가 개발 위협에 당면했을 때, 자본과 개발로부터 지역을 지켜냄으로써 원시 자연이 잘 보존되어 있는 생태 보존 지구를 일구어냈다고 합니다. 그들의 노력이 알려지며 몬테베르데는 열대 우림의 작은 마을에서 세상을 이끌어가는 생각의 중심지로 주목받고 있습니다. 그들이 세상을 향해 외쳤던 생각은 무엇이었고 세상은 왜 그들의 말에 공감하기 시작했을까요?

정착 초기의 12 퀘이커 가족은 열대 우림을 훼손하며 삶의 터전을 확장해갔습니다. 그러다 문득 '미국적인 삶과 무엇이 다른가' 자문하게 되었다고 합니다. 그들이 미국을 떠난 이유는 새로운 삶의 추구였고 그것은 곧 미국적인 삶의 거부였기 때문입니다. 그들은 변화된 삶과 새로운 생각에 대해 고민하기 시작했고 자연의 일부로 사는 삶, 자연과 인간의 공존이라는 결론을 얻었다고 합니다. 12 퀘이커 가족은 자연과 공존하기 위해 스스로 훼손한 자연을 복원하고 돈을 모아 주변 땅을 사 모으기 시작했습니다. 그리고 WWF World Wide Fund for Nature, 세계자연보호기금에 자신들의 뜻을 전하고 국제적인 모금을 시작하였으며 이웃들을 설득해 열대 우림을 보호하고 개발을 반대하는 연대를 만들어내기까지 했습니다. 그들의 노력은 결국 개발을 막았고 지구상에서 가장 많은 종의 조류와 다양한 종의 포유류가 자연 상태에서 인간과 함께 공존하는 지구촌의 이색 지대를 남겼습니다.

몬테베르데에는 지금도 3000여 명의 퀘이커 교도가 숲 속에서 자연에 순응하는 하나의 생명체로 살아가고 있다고 합니다. 생태 여행이 여기서 시작되었다는 게 너무나 당연하다는 생각이 듭니다. 기록에 따르면 1970년대에 400명이 방문했으며 1980년대부터 방문객이 급증하기 시작해 현재는 한 해 방문객이 5만여 명에 달할 만큼 증가했지만 수입은 10년간 10퍼센트밖에 늘지 않았다고 합니다. 몬테베르데는 수입을 늘리기보다는 지역 생태를 유지하고 관리하는 데 우선을 두기 때문에 탐방 인원을 제한하고 방문 루트를 규제하고 있습니다. 따라서 호텔을 짓고 상점을 늘려 볼거리로 주변을 치장하는 일은 몬테메르데에 존재하지 않는다고 합니다.

미국을 등지고 코스타리카를 택한 퀘이커

퀘이커는 영국에서 시작한 종교 운동입니다. 영국인 조지 폭스George Fox는 교회의 형식적 신앙 활동에 환멸을 느끼고 형식적 신앙이 아닌 신의 계시가 중요하다며 새로운 종교 활동을 펼쳤고 이것이 퀘이커 운동의 시작이었습니다. 퀘이커는 성직자의 예배 형식이나 지도 없이도 하나님을 내적으로 느끼고 신의 계시를 깨달을 수 있다고 믿기 때문에 모든 사람은 미사 형식이 아닌 내면의 빛 고을에서 하나님과 직접 소통해야 한다고 말합니다. 그래서 퀘이커는 예배나 설교 의식 없이 조용히 묵상하다 성령을 받으면 누구든지 일어나서 자신이 받은 영감을 이야기하고 성령을 얻은 사람이 없으면 그대로 그날의 예배를 끝낸다고 합니다. 사목지도의 절대성을 부정하니 기존의 로마 가톨릭이나 개신교의 여러 종파와도 대비되는 독특한 종교 운동으로 시작했고 여전히 소수 종파로 남아 있습니다.

가톨릭은 정치의 시녀가 되거나 때로는 정치가 가톨릭의 시복이 되어 유럽을 1500년간 지배했습니다. 둘의 관계는 시대에 따라 위치가 바뀔 뿐 강자에게 복종하며 공존하는 운명 공동체이기는 마찬가지여서 보수적인 세력화를 꾀했고 권력 가까이 자리 잡을수록 종교의 본질적 역할에서 멀어질 수밖에 없었습니다. 스페인이 주도하는 로마 가톨릭에 대항해서 독립적인 교단으로 성장한 성공회에게는 다분히 정치적인 목적이 있었습니다. 성공회의 독립에는 스페인을 넘으려는 영국의 의지가 숨어 있기 때문입니다. 헨리 8세가 오늘의 영국을 차근히 준비했다면 엘리자베스 1세는 스페인을 능가하는 영국을 만들어냈습니다. 두 거인의 성공 뒤에는 성공회의 뒷받침이 있었습니다. 그렇게 통치의 수단으로 견고하게 자리 잡은 성공회는 국가의 부속기관이자 지배구조의 한 축으로 성장했습니다. 하지만 권력이 된 성공회 역시 로마 가톨릭의 전철을 밟게 됩니다.

성공회 교단은 세력이 커질수록 권위적이며 보수적으로 변했고 이에 반대해서 일어난 청교도 운동을 성공회 교단과 왕실이 박해하면서 결국 혁명으로 발전했습니다. 이는 정치적으로는 중앙집권적 왕정에 반대하는 민주화 운동이었으며 종교적으로는 종교가 국가에 귀속될 수 없다는 순수 복음주의 운동이었습니다. 이런 혼란 속에 퀘이커교가 생겨났습니다. 영국은 종교혁명의 시대가 지나고 다시 왕정으로 돌아갔으며 실망한 청교도는 대거 아메리카로 떠났습니다. 이때 영국을 떠난 무리 중 하나가 퀘이커입니다. 퀘이커는 1681년 종교의 자유를 찾아 당시 영국령인 북미 대륙에 정착하였으며, 그 땅을 지금은 펜실베니아라고 부릅니다. 퀘이커뿐 아니라 구대륙에 실망하고 지친 사람들이 아메리카 대륙으로 몰려들었고, 미국은 그런 사람들에 의해 세워졌습니다. 이상주의자들의 나라 미국은 그동안 유럽이 가보지 못한 전혀 새로운 나라였습니다. 계급과 차

별이 없고 이상을 품은 사람들이 꿈을 펼친 땅이며 희망과 꿈이 무한으로 펼쳐지는 나라였습니다. 12 퀘이커 가족은 왜 그런 미국을 등지고 다시 코스타리카를 택해야만 했을까요?

퀘이커 교도는 평화주의자이며 휴머니스트입니다. 이들은 인디언과의 대립 대신 우호적인 관계를 주장하고, 노예무역과 전쟁을 반대하는 등 미국의 추구와 반대되는 사상을 가진 집단이었습니다. 이는 신생 독립국에서 산업 강국으로 거듭나려는 미국의 발전을 반대하는 주장으로 들렸고, 특히 제1, 2차 세계대전 참전 반대 주장은 세계의 강국으로 발전하려는 미국의 발목을 잡는 듯했습니다. 더욱이 징병 거부, 십일조 헌금 반대, 전쟁 납세 반대는 가톨릭 세력과 미국 정부의 근간을 흔드는 일이기도 해서 미국 정부와 가톨릭 세력이 퀘이커 교도를 압박하기에 이릅니다. 영국이 그러했듯이, 세계 최강이 되려는 미국은 퀘이커 교도에게 더 이상 희망의 땅이 아닌 떠나야 할 땅이 되어버린 것입니다. 소수 순혈주의자 12 퀘이커 가족은 다시 미국을 떠나 열대 우림에 정착해 자연을 개간하며 살아가기로 결정했고 그 땅으로 코스타리카를 택했습니다. 300년 전 영국을 떠나며 품었던 희망은 코스타리카에서 그렇게 다시 피어났습니다.

열심히 몬테베르데의 정신을 캐고 보니 내용은 짜릿한데, 10년 전에 왔어야 했다는 생각이 듭니다. 제가 만난 몬테베르데는 변화를 시작해 이미 식상한 볼거리로 전락하는 과정에 있었기 때문입니다. 진입 도로에는 도로포장을 위한 배수로 공사가 한창입니다. 생명체의 이동을 막는 도로포장에 반대한다던 원칙이 무너진 건가요. 도로 주변엔 땅을 판다는 팻말도 여기저기 붙어 있습니다. 땅을 팔지 않고 소유하여 개발을 저지한다는 정신도 사라진 모양입니다. 1951년에 이주한 1세대와 달리 코스타리카에서 태어난 2세대는 변화를 받아들이기로 한 듯합니다. 자연을 장사로 받아들이는 2세들이 관리해서인지 열대 우림엔 새가 한 마리도 보이지 않습니다. 도로가 깔리고 편안한 호텔이 지어지고, 매혹적인 광고가 뒤덮일 쯤 방문객은 엄청나게 늘어날 것입니다. 그래서 판결을 내려야겠습니다. 나의 몬테베르데는 사망했다고.

머지않아 퀘이커의 정신이 몬테베르데에서 사라지겠지만 그들의 정신은 몬테베르데를 벗어나 세상을 감화시켰고 많은 변화를 가져왔습니다. 환경운동, 녹색당, 그린피스의 생각이 주류에 편입되었고, 인류는 새로운 삶에 대해 진지하게 논의하기 시작했습니다. 환경 보존과 개발에 대한 진지한 협의는 1946년 국제 간 포경협약에서부터 시작되었다고 하는데, 그건 미래를 처음으로 언급했기 때문입니다.

"지금 세대뿐 아니라 미래 세대를 위해서도 환경은 보전돼야 한다."

이 협약은 최초로 세대 간 형평원칙을 이룩한 생각의 전환이며, 환경을 탈취의 대상에서 보존과 공유의 대상으로 전환하게 된 커다란 합의입니다. 이후 인류는 환경 보존이라는 공존의 가치를 이루려 머리를 맞댔지만 아직도 편익과 삶의 질적 향상이라는 아젠다를 벗어나지 못하고 있습니다. 편익과 편안은 다른 것일까요?

Ecotourism

코스타리카의 자연 생태 여행

숲 속의 동화, 트리하우스

기대를 안고 트리하우스를 찾았습니다. 우리가 방문한 트리하우스의 주인은 미국 캘리포니아 출신의 키가 훤칠한 할머니로, 코스타리카가 좋아 오래전 이곳에 정착했다고 합니다. 숲 속에 드문드문 만들어놓은 집을 하나씩 배정받고 트리하우스로 향합니다. 나무 대신 5미터 정도 높이의 철 구조물을 세우고 그 위에 집을 지어놓아 진정한 트리하우스라기보다 트리하우스 모양의 리조트에 가깝습니다. 나무 위 트리하우스를 꿈꿨지만 한편으론 천만다행이라는 생각이 듭니다. 괜히 나무를 괴롭히지 않아도 비슷한 기분을 맛볼 수 있으니까요. 그리고 나무 위에 짓는다면 다양한 편의 시설을 갖추기 어려웠을 텐데 철 구조물로 아래를 받치고 나무 높이로 집을 올리니, 편의 시설이 갖추어진 숲 속 동화 나라에 온 듯한 기분이 듭니다.

트리하우스의 방은 넓고 아늑합니다. 방 한가운데에는 트리하우스를 상징하듯 두툼한 나무줄기가 들어와 있습니다. 방 안에는 에어컨과 커다란 선풍기가 있고 24시간 전기가 공급되며 화장실에서는 더운 물로 샤워도 가능합니다. 또 집 밖으로 360도 회랑을 만들어서 방을 빙 둘러가며 주변을 돌아볼 수 있게 하였고 베란다에는 테이블을 두어 차를 마시며 숲을 즐길 수 있습니다. 한마디로 불편하지 않게 다 구비된 방입니다. 지난 시간을 생각해보면 트리하우스를 예약하는 데 꽤나 애를 먹었습니다. 6개월 전에 전액 완불을 했고, 동료가 여행을 취소했음에도 일체 환불을 받지 못했습니다. 또 하루만 묵으려 했는데, 이틀 이상 숙박해야만 예약이 가능하다고 해서 예정에 없이 이틀을 묵어야 했습니다. 하지만 막상 트리하우스에 와서 보니 이틀 숙박도 짧습니다. 도시를 떠나 자연을 선택한 낭자에게 생각을 바꾸고, 긴장을 녹여내는 데 이틀은 부족하기만 합니다.

주인은 도착을 축하한다는 말과 함께 야간 생태 트레킹에 참여하라고 권유합니다. 야간 생태 트레킹은 트리하우스 내 정글을 돌며 잠자는 생명체들을 찾아내는 활동입니다. 트레킹을 떠나기 전 참가자들에게 손전등을 하나씩 나누어주며 잠에 취한 생명체들을 찾아내보라고 하는데, 그 누구도 찾지 못합니다. 참가자들이 허둥대자 안내자가 나뭇잎을 뒤집어 손에 올려놓습니다. 감탄하며 보니 나뭇잎에는 분홍색의 발과 초록색의 등을 가진 'green frog'가 있습니다. 나뭇잎과 색이 비슷한데도 안내자는 능숙하게 찾아냅니다.

"나무늘보가 나무 기둥에 붙어 있군요. 보이세요?"라는 안내자의 말을 따라 나무를 비춰보아도 긴가민가합니다. "저기엔 원숭이가 있네요. 원숭이는 가족을 이루어 살지요. 저기 나무 사이에는 새 한 쌍이 있네요. 발밑을 보세요. 정말 큰 달팽이가 있죠. 이 구멍에는 누가 있을까요?"

안내자가 긴 막대기를 흙구덩이에 넣었다가 잡아당기자 작은 설치류가 달려나와 도망칩니다. 그렇게 밀림의 생명체들은 하나둘 우리 눈앞에 나타납니다. 우리는 왜 보여주기 전엔 그들을 보지 못할까요.

그렇게 생태 트레킹을 끝내고 트리하우스로 돌아와서 샤워를 하고 눕습니다. 아침 비가 창문을 두드리는 줄 알았는데, 누군가가 잠을 깨우는 소리가 들립니다. 문을 열고 나가니 식탁에 커피와 과일이 놓여 있습니다. 진한 커피를 마시며 빗줄기를 감상하는 이른 아침, 맑은 기운이 숲 속에서 피어오릅니다. 모퉁이에 걸린 작은 선반에 누가 바나나를 가져다 놓았는지 아침 식사를 하려는 새들이 분주하게 오갑니다. 아침을 깨우는 방식이 아름답습니다. 새의 지저귐과 빗소리의 가냘픔, 진한 커피 한 잔과 비스킷, 그리고 과일 한 접시. 저를 위해 준비된 아침이 호사가들의 자랑거리보다 낫습니다.

아침을 먹고 나니 오늘의 프로그램을 진행하겠다고 로만이 찾아옵니다. 그는 하늘을 가리키며 한마디를 건넵니다.

"코스타리카의 기후는 'dry season, rainy season'이라고 하지 않고 'rainy season, more rainy season'이라고 해요. 연 강수량이 4000밀리미터가 넘거든요."

산호세를 떠나며 오기 시작한 비는 오늘도 여전히 내립니다. 저는 이런 환경에 얼마나 잘 적응할 수 있을까요. 침구는 눅눅하고 움직이기도 불편합니다. 식당에서 아침 식사를 하는 동안 모기에게 여러 번 물렸습니다. 모기와 비에 쫓겨 다시 방으로 돌아오니 어제와 달리 밀림 속 감옥 같습니다. 첫째 날은 천국, 둘째 날은 연옥, 그다음 날은 지옥이 될지도 모르는 일이라 이틀 묵기를 잘했다는 생각이 듭니다. 털을 벗어버린 인간을 가장 괴롭히는 건 모기입니다. 인간은 털을 벗어버리며 진딧물, 이, 벼룩, 빈대로부터 자유로워졌지만 더 지독한 모기를 만났습니다. 2014년 기록에 의하면 인간에 의한 살인은 한해 약 47만 5000명인 반면 모기에 의해 살해된 인류는 약 72만 5000명이라고 합니다. 극도로 공포심을 유발하는 뱀에 의해 목숨을 잃은 인구는 약 5만 명이고 상어나 맹수에 의해 목숨을 잃은 인구는 이에 비하면 미미하다고 합니다. 통계를 봐도 알 수 있듯 가장 강력한 인간 살해자는 테러나 전쟁이 아닌 모기인 셈이죠. 모기 때문에 인류 역사가 바뀐 사례도 비일비재합니다. 알렉산더, 칭기즈칸, 리빙스턴은 모기에 의해 살해되었고 그로 인해 인류 역사의 흐름도 바뀌었으니까요.

생명의 보고, 타바콘 온천과 아레날

이틀을 트리하우스에서 보내고 타바콘 온천 리조트로 숙소를 옮겼습니다. 타바콘 온천은 세계 5대 온천 중 하나라고 합니다. 타바콘 온천은 아레날 화산에서 달구어져 흘러내려온 물을 담아 따뜻하고 해맑습니다. 30여 개의 온천탕이 계곡 곳곳에 숨겨져 있어 연애하듯 온천과 밀회를 즐길 수 있습니다. 연인이 함께 미래를 약속할 만한 커플탕과 가족이 함께 들어가 우애를 다질 만한 가족탕, 지인들과 무리 지어 한바탕 호탕하게 웃을 수 있는 크기의 대형탕, 수영을 하며 이곳저곳을 기웃거릴 수 있을 풀장형의 탕까지 다양한 종류의 온천탕들이 관광객을 맞이합니다. 각각의 탕은 정글에서 흘러나온 물줄기로 이어져 있고 온천탕으로 가는 길은 독특한 꽃과 나무, 넘치는 에너지로 감싸져 있습니다. 타바콘의 온천수는 아레날 화산 깊은 곳의 에너지와 열기로 데워졌기 때문에 몸에 닿는 순간 혈기가 넘칩니다. 아레날 화산이 용암을 뿜어내는 광경이나 용솟음치는 괴성을 들을 수 있다면 그날은 운이 좋은 날입니다. 그렇게 아름답고 용맹스런 포효를 들을 수 있는 기회는 흔치 않으니까요. 하지만 아레날의 날씨는 여전히 흐리고 비가 내립니다. 아레날의 날씨는 300일이 비라는 설명을 듣고 기가 꺾입니다. 아레날의 맨 얼굴을 보는 게 저의 공덕으로는 불가능한 일인가 봅니다.

산호세와 아레날은 가까운 거리에 있지만 바다의 영향 때문인지 날씨가 다릅니다. 산호세가 아레날과 같은 바다를 끼고 있으니 바다의 영향이라는 설명은 충분하지 않습니다. 산호세가 아레날과 비슷한 기후였다면 'more rainy season'에 해당되어야 했지만 산호세는 화창했고, 산호세를 벗어나 아레날에 가까워지면서 안개비가 내리기 시작했으니까요. 산

호세는 고도가 1000미터가 넘는 고원이라서 무거운 비구름이 도시 아래에 걸치는 건 아닌지요. 생각해보면 라틴아메리카의 거대 도시들은 1000미터가 넘는 고원에 자리를 잡고 있습니다. 2000미터 고원에 위치한 보고타, 멕시코시티는 물론 과테말라시티, 산호세까지 1000미터 고원에 자리 잡고 있습니다. 무덥고 습한 카리브해와 태평양의 아열대 기류에서 조금이라도 자유로울 수 있는 고원에 사람이 모여 사는 건 도시를 추구하는 인간의 자연스런 습성인 것이겠죠.

타바콘 리조트에서 온천과 함께 하루를 보내고 다음 날, '68라바lava'로 불리는 용암대지를 걷는 트레킹에 참여했습니다. 1969년, 아레날 화산 아래에 있던 마그마 방은 내부의 에너지를 더 이상 가둘 수 없게 되자 밖으로 분출해 대지를 집어삼켰습니다. 다행히 아레날 화산의 마그마는 젤리같이 점성이 높아 폭발적인 분화는 발생하지 않았고, 화산 사면을 타고 천천히 흘러내렸기 때문에 아무런 피해도 없었다고 합니다. 용암이 덮은 대지를 걷는 트레킹은 완전 일주를 할 경우 3~4시간, 반 일주인 경우 2시간이 소요됩니다. 저는 반 일주를 선택해 용암대지에 들어섰습니다. 다른 지역에서 만난 용암대지와 달리 68라바에는 생명이 움트고 있습니다. 발리섬의 바뚜르 화산 아래 용암대지는 어둡고 거칠었을 뿐 저는 그곳에서 생명체를 찾지 못했습니다. 대신 용암을 멈추게 한 힌두교 사원을 만났죠. 에티오피아 다나킬 저지대의 용암대지는 칼날같이 날카롭고 유리같이 잘게 부서지는 다양한 결을 만들어냈지만, 그곳에도 생명체를 찾아 볼 수는 없었습니다. 하와이 빅 아일랜드의 델타 라바Delta lava에도 생명체는 미미했습니다. 하지만 68라바에는 대지 곳곳에 생명체가 살아 숨 쉽니다. 바위 틈새로 작은 잎새가 자리 잡고 있고, 바위 표면의 요철에는 이끼가 엉겨붙어 있습니다. 나무와 이끼는 뿌리에서 특별한 화학 성분을 분비해서 주변 용암을 녹여 흙을 만들고 용암의 풍부한 미네랄과 영양분을 빨아들이며 무서운 속도로 성장하고 있습니다. 그런 면에서 아레날의 용암대지는 새롭게 시작되는 생명의 보고인 셈이죠. 화산의 양면성을 죽음의 비애와 삶의 환희라고 하지 않던가요. 베수비오스 화산은 폼페이를 삼켰지만 후대에 풍요를 선물해서 가장 좋은 와인 생산지가 되었고, 후대의 사람들은 공포를 넘어 축복을 갈구하며 다시 정착했으니 인간의 속성은 공포가 아닌 축복인 듯합니다.

그렇게 아레날의 용암대지는 코스타리카에 생명의 씨앗을 낳고 있습니다. 아레날 화산을 조망하는 대지의 정상부에 닿아 한 장의 사진을 남기고 국립공원 입구로 돌아 나왔습니다. 안개와 비구름 속을 걷고서 동행인에게 무엇을 보았냐고 물었습니다.

"본 건 없죠. 그래도 축복받은 느낌이었어요."

역시나 인간은 축복을 갈구하며 사는 것이죠.

맹그로브 숲의 미로, 타마린도 해안

코스타리카의 마지막 여행은 태평양 연안의 타마린도 해안입니다. 해안을 따라 맹그로브 숲이 펼쳐져 있고, 밀려들어온 바닷물이 맹그로브 숲을 덮으면 비로소 계곡이 만들어집니다. 맹그로브 나무는 어망같이 조밀한 뿌리를 물속에 감추고 있지만 물 위로는 여타의 나무같이 푸른 잎을 반짝이며 재잘댑니다. 맹그로브 뿌리는 한발을 내딛을 틈도 없을 만큼 조밀하고 빡빡하기 때문에 대지를 꽉 붙들고 있습니다. 맹그로브 숲이 없었다면 타마린도의 해안은 거친 바다에 맥없이 쓸려나갔을 것입니다. 그러니 맹그로브 숲은 대지를 지키는 최전선인 셈이죠.

바닷물이 들어와 맹그로브 숲의 뿌리가 모두 물에 잠기는 아침, 카약을 타고 맹그로브 숲을 둘러봅니다. 맹그로브 숲은 물속과 물 위가 완전히 다릅니다. 작은 물고기는 조밀한 뿌리 사이를 유영하며 자신의 집인 양 기거합니다. 뿌리에 붙어 있는 것을 먹으려는 것이죠. 물풀은 뿌리에 의지해 자기 몸을 지탱합니다. 맹그로브 나무는 물속에서는 생태계의 지킴이요, 물 위에선 태양을 막아주는 그늘입니다. 이것이 맹그로브 숲이 보여주는 강렬한 이중성이 아닐까요. 카약을 타고 숲을 천천히 노닐다 보면 세상에 이렇게 다양하고 신비로운 나무가 있을까 하는 생각이 듭니다.

맹그로브 숲을 탐사한 다음 일정으로 낚시에 나섰습니다. 코스타리카에는 '스포츠 낚시sport fishing'가 유명한데, 특히 코가 화살같이 긴 새치billfish의 낚시가 가능해서 낚시꾼을 불러 모읍니다. 새치는 덩치가 커서 보통 2~3미터에 달하고 큰 놈은 5미터가 넘는다고 합니다. 경험 많은 가이드와 함께하는 황새치 낚시에 나서니 왜 'fishing'이 아닌 'sport fishing'이라고 부르는지 이해하게 됩니다. 강태공이 돼서 한가롭게 물고기를 낚는 낚시가 아닌, 줄기차게 현장에 뛰어들어 치열하게 다투고 한바탕 기싸움과 꾸준한 인내를 거친 후에 건져 올리는 하루의 수확이기 때문입니다. 사람 키만 한 새치를 건져 올린 미국인은 흥분을 감추지 못합니다. 낚시의 마지막은 무엇이었을까요? 사진을 찍고 물고기의 살을 발라내 입에 한 점 넣고 씹는 맛에 술과 초고추장이 더해지면 최고겠죠. 그런데 미국인 낚시꾼은 새치를 낚은 것만으로 만족합니다. 잡았던 물고기를 바다에 되돌려주는 그의 아량. 생계를 위한 낚시가 아닌 한때를 즐기는 스포츠라면 미국인 낚시꾼을 본받을 만합니다. 추억과 시간을 남긴 것으로 충분하다며 미국인 낚시꾼은 홍겹게 뱃머리를 돌립니다. 물들어가는 하늘이 바다와 맞닿은 수평선을 바라보며 맥주 한 잔을 마시는 여유가 진정한 오늘의 풍요입니다. 비록 한 마리도 못 잡았지만 빈손으로도 풍족합니다. 시간과 추억을 낚았으니까요.

높이 2미터에 달하는 석구의 크기를 보니 하나의 돌이라는 게 믿어지지 않습니다.

낟알을 올려놓고 돌절구로 밀어 곡식을 갈았던 맷돌로,
사용자가 죽으면 유골을 묻은 무덤의 덮개로 사용했다고 합니다.
세 개의 발은 동양과 교류했던 흔적이 아닐까요?

작은 새들이 트리하우스의 아침을 깨웁니다.
바나나에 모인 새들의 지저귐에 잠을 깨고, 새와 함께하는 아침 식사는 정글의 일상입니다.

몬테베르데는 안개가 많은 정글입니다. 새는 안개 속에서 소리 내어 지저귀고,
새를 흉내내는 bird watching 가이드 로만의 소리가 새를 불러모읍니다.

1968년 아레날 화산에서 흘러내린 용암은 주변을 덮었습니다.
모든 것이 멈추었고 사라졌지만 68용암대지는 다시 생명을 품어,
나무와 풀이 씩씩하게 자라나고 있습니다.

ROUTE 4

마야의 심장,
과테말라

Tikal

마야 문명의 탄생지, 티칼

마야의 실종

에드워드 헬릿 카E.H Carr는 "역사란 무엇인가?"라는 질문에 "역사란 현재와 과거의 대화"라고 대답합니다. 역사는 사라진 과거를 찾아내어 현재와 연결 짓는 역할을 합니다. 하지만 과거와 현재 사이에는 시간이라는 장벽이 있어서 대화를 어렵게 한다고 합니다. 시간의 간극을 넘어서고, 과거와 올바른 대화를 하기 위해서는 과거가 온전해야 할 것입니다.

우리는 흔적 없이 사라져 버린 마야를 얼마나 이해할 수 있을까요? 마야가 여전히 신비의 영역에 남아 있는 건 시간의 간극을 메울 만큼 마야를 알지 못하기 때문입니다. 그것은 마야가 스스로를 지우기 위해 문명의 공간에서 무지의 공간으로 사라졌던 그날의 사건 때문입니다. 마야는 왜 스스로 사라지기를 택했을까요? 무거운 질문을 안고 티칼로 향합니다.

마야는 흔적도 없이 사라지고, 껍데기만 덩그러니 남은 티칼에서 무엇을 찾을 수 있을지 기대해봅니다.

새벽 잠을 설치고 티칼에 도착하니 스스로를 마야인이라고 소개하는 안내자 아메리코가 우리를 정겹게 맞이합니다. 전통 복장을 입고 소란을 떨지 않아도 그의 얼굴에 '마야인'이라고 쓰여 있는 듯합니다. 그의 콧날과 작은 두상을 보니 우리와는 좀 다르다는 생각이 듭니다. 그와 함께 찍은 사진을 보니 그와 내가 전혀 다른 사람이라는 것이 와닿습니다. 비록 생김새는 다르지만 우리와 비슷한 부분이 하나 있습니다. 바로 마야인의 98퍼센트가 가지고 있다는 몽고반점입니다. 몽고반점이 상징하는 바는 무엇이고, 오뚝한 콧날이 의미하는 바는 또 무엇일까요? 아메리코의 말에 따르면 자기는 순수 혈통의 마야인이고 마야인은 다 자기 같다고 하는데, 주먹코에 광대뼈가 돌출한 둥근 얼굴형은 분명 아닙니다. 그럼 아즈텍이나 잉카의 인디오는 어떤 얼굴이었을까요? 요즘도 문명이 닿지 않은 인디오 마을을 찾아 페루 안데스의 산간마을을 찾아가는 이들이 있습니다. 그리고 그들의 생활과 얼굴을 담아냅니다. 작은 체구에 햇볕에 그을린 그들의 얼굴을 자세히 보면 이목구비의 조화가 우리와 한 울타리라고 하기엔 어딘가 어색합니다. 안데스 고원 원주민의 남자 평균 키는 157센티미터이고 여자는 145센티미터로 왜소하고 땅딸막한 체구이며 가슴이 유난히 두껍다고 합니다. 신체적 특징으로 보면 우리와 전혀 다릅니다. 과연 이들이 연해주에서 베링해를 건너와 650년 무렵 멕시코 중앙고원에 정착한 5부족 중 한 부족의 후손이 맞을까요?

미국학자 알렉스 호들리카Alex Hrdicka의 주장에 따르면 기원전 1만 5000년인 신생대 4기 빙하기까지는 바닷물이 현재보다 100미터 가량 낮았고, 이로 인해 베링해가 육지로 연결되면서 몽고리안의 아메리카 이주가 이어졌다고 합니다. 그는 몽고반점과 두개골 형태가 동일하다는 점을 들어 자신의 주장을 설명하고 있습니다. 반면 프랑스 학자인 폴 리베Paul Rivet는 언어적 동질성을 근거로 들어 말레이시안, 폴리네시안 등 남태평양인이 아메리카 원주민이라고 주장합니다. 민족을 피로 구분하려는 시도는 때로 난관에 빠지게 됩니다. 터키인과 헝가리인, 심지어 핀란드인이 몽고리아 고원에서 이주를 시작한 우리와 같은 외모를 가졌다고 하면 누가 믿을까요? 현재 그들의 외모를 보면 신체적으로는 우리와 유사점을 찾기 어렵기 때문입니다.

집단은 이주와 정착을 반복합니다. 그 과정에서 다른 집단과의 혼합이 이루어지면서 고유한 신체 특성이 희석되기도 하고, 새로운 특성이 생겨나기도 합니다. 그러니 어느 민족은 어떻다는 표현이 얼마나 모호한 것인지요. 그런 면에서 리베의 주장은 보다 합리적이라는 생각이 듭니다. 피가 섞이고 얼굴이 변형되어도 문화적으로 습득하는 언어는 변형되지 않고 이어지기 때문입니다. 그래서 혹자는 민족을 언어와 문화적 동질성을 공유하는 집단이라고 정의하기도 합니다. 얼굴이 어떻고 피부색이 어떻든 한국어를 모국어로 사용하고, 한국의 문화적 가치와 역사적 경험을 공유하면 누구든 한국인인 것이죠.

리베의 주장을 뒷받침하는 사람이 있습니다. 『잃어버린 뮤 대륙』Lost

MU Continient을 저술한 제임스 처치워드James Churchward입니다. 그는 태평양에는 기원전 7만 년부터 '뮤MU'라는 대륙이 존재했으며 기원전 1만 2000~1만 1000년경에 바닷속으로 사라졌다고 주장합니다. 기원전 1만 1000년이면 마지막 빙하기가 끝나고 해빙기에 들어서는 시기로 지구적 재앙이 일어나던 때입니다. 빙하가 녹으며 바닷물의 수위가 올라가고 빙하에 눌렸던 대지가 부풀어 오르며 화산과 지진 활동이 활발해져 지구는 대혼란을 겪었습니다. 이때 뮤 대륙은 바닷속으로 가라앉았고 대륙의 산간지방에 거주하던 사람들만이 살아남아 그들 중 일부가 아메리카로 이주했다는 이야기입니다. 허황된 주장은 또 있습니다. 아메리카 원주민이 카프카즈Caucasus 인종이라는 주장입니다. 카프카즈인이 베링해를 넘어 정착한 최초의 원주민이고 이후 몽골인이 넘어와 그 흔적을 신체에 남겼는데, 그것이 몽고반점이라는 것입니다. 따라서 아메리카 원주민에게 나타나는 몽고반점은 몽골인들과 섞인 흔적이고 이국적인 얼굴은 전통적으로 내려오는 카프카즈인의 인종적 특징이며, 거기에 더해 폴리네시아인의 작고 두터운 가슴이 더해져 원주민의 신체적 특징이 만들어졌다고 합니다. 어느 주장이 맞는지는 알 수 없지만 인종을 나누려는 시도가 꽤나 어리석고 무의미해보입니다. 누구면 어떤가요. 그들이 무엇을 이룩했는지가 중요한 것이죠.

아메리코는 티칼에 들어서자 눈을 감으라고 합니다. 눈을 뜨면 무엇이 나타날까요? 눈은 현상을 보지만 눈을 감으면 마음으로 봐야 하니 마음이 고요히 가라앉습니다. 마야의 실종 사건이 발생한 현장에서 안내자는 '보이지 않는 다리에 첫발을 내딛듯 믿음만이 진실로 들어가는 통로'라고 말합니다. 그러니 저도 진실에 닿기 위해 눈보다는 마음으로 마야를 보려고 노력해야 할 듯합니다. 저는 아메리코의 나지막한 소리에 눈을 떴습니다. 그리고 천천히 티칼로 걸어들어갔습니다. 그의 말대로 믿음만이 진실로 가는 통로라면 저는 믿을 것입니다. 그날의 진실을.

마야의 재탄생

마야는 전기와 후기로 나누어져 있습니다. 우리가 마야라고 말하는 신비는 전기의 전유물입니다. 후기 마야는 멕시코 중앙고원에서 내려온 사람들이 마야를 본뜬 것에 불과하기 때문입니다. 고전기 마야가 꽃피운 도시 '티칼'. 이곳에서 일어난 고전기 마야의 붕괴 사건을 구체적으로 알 수는 없지만 티칼에는 그날을 정확히 869년이라고 기록한 석주stella가 있습니다. 기원후 869년에는 무슨 일이 있었던 것일까요? 9세기 중엽에 일어난 마야의 붕괴와 티칼을 버리고 떠난 마야인들의 거대한 이주는 비밀스러운 민족의 가장 큰 수수께끼입니다. 사건을 유추할 만한 물증을 하나도 남겨놓지 않았기 때문에 이들이 어디서 왔고 어디로 떠나갔는지 아무도 모릅니다. 마야의 미궁에 매료된 학자들은 궁금증을 나름의 방식으로 이해했고 실마리를 풀기 위해 고민했습니다.

"이집트나 타 문명권에서 보듯 천상의 작품은 강요된 것이 아니라 믿음에서 만들어진다"라는 이바르 리스너Ivar Lissner의 접근과 "종교를 바탕으로 한 국가가 그 고향을 갑자기 떠나게 되는 것은 신의 명령에 따른 것이다"라는 프란츠 크레머Franz Kreammer의 접근은 우연이 아닌 누군가의 명령에 의해 그날의 사건이 일어났음을 설명하고 있습니다. 그리고 그 기저에는 종교적 인과 관계를 내포하고 있습니다. 그럼 마야가 믿은 신은 무엇이고, 그들의 신은 왜 마야인을 떠나게 하였을까요? 아메리코는 "마야에는 신이 없었습니다. 마야가 믿은 것은 창조자입니다"라고 설명합니다. 우주와 세상을 창조하고 지배하는 질서는 곧 수학이고 물리며 천문이고 과학입니다. 다시 말해 마야가 숭배한 건 가공된 신이 아닌 진리였습니다. 하지만 도시가 커지고 계급적 지배가 확고해지면서 마야에도 신이 필요했던 것 같습니다.

티칼의 주요 피라미드 중 하나인 로스트 월드Lost world에서 마야 실종의 일단을 찾을 수 있습니다. 로스트 월드는 별과 금성, 태양의 활동을 관측하는 용도로 건축되었으며, 주변에 세 개의 피라미드를 세워 춘추, 동지, 하지를 관측했습니다. 태양의 운동을 관측했던 지배자는 대낮에 달이 태양을 일시적으로 가려 어두워지는 일식현상을 이해했고, 자신의 지식을 이용해 지배를 확대했습니다. 지배자는 일식현상이 일어날 것을 예측하여 로스트 월드에 어둠이 내려앉기를 기다렸다가, 어둠이 세상을 덮자 신께 기원하며 소리쳤습니다.

"신의 이름으로 명령한다. 빛이여 돌아오라."

그의 외침과 함께 달은 태양을 벗어나고 세상은 이내 밝아졌습니다.

일식은 새로운 지배자를 낳았고 지배자는 그 힘의 원천을 신에게 돌렸습니다. 신은 곧 과학이고 지식임에도 불구하고 말이죠. 천체의 질서를 이해한 지식인은 지배자가 되려 했고, 스스로 신을 만들어 티칼을 지배했습니다. 신의 대리자가 되어 도시를 지배하려 한 인간의 욕심이 마야로 하여금 티칼을 버리게 한 건 아닐까요? 티칼에는 신이 필요하지 않았던 것인지, 아니면 진정한 신을 찾아 떠난 것인지 모르겠습니다.

"9세기에 들어서며 인구가 폭증했고, 더 많은 식량이 필요해졌지만 정글을 경작지로 개간하는 것에는 어려움이 많았기에 티칼은 만성적인 식량부족을 겪었다. 그로 인해 사회혼란이 가중될 때 마야의 도시들은 잦은 분쟁과 전쟁에 휩싸였고, 식량부족과 전쟁으로 인한 사회혼란으로 티칼은 서서히 쇠퇴했다"라는 것이 마야 멸망의 정설입니다.

전쟁과 식량부족으로 사회가 혼란스러울 때 지도층은 사회를 유지하기 위해 신의 권위에 매달렸겠지만 신은 무엇 하나도 해결하지 못했을 겁니다. 신은 상상의 신뢰이고 질서일 뿐, 모든 것은 신을 믿는 인간이 만들어야만 하니까요.

평화의 시기에는 신이 절대적인 권위를 갖지만 불행의 시간에 신은 아무런 도움이 되지 않습니다. 흑사병이 휩쓴 유럽에서도 신은 무기력했죠. 유럽인들은 무기력한 신을 대신해 이성을 받아들였고, 르네상스를 꽃피웠습니다. 티칼도 비슷한 과정을 겪지 않았을까요? 신의 권위를 주장하는 사람들과 창조자를 믿는 사람들이 분열되었고, 둘은 각자의 길을 떠난 듯합니다. 그날 이후 한 부류는 유카탄 반도로 떠나 후기 마야를 열었고,

다른 한 부류는 깊은 정글로 사라져 자신들만의 창조자를 기다렸으니까요. 티칼의 미스터리는 여기서부터 시작합니다. 스스로 이룩한 거대 도시를 남겨놓고 자발적으로 사라지기를 선택한 경우는 역사상 존재하지 않기 때문입니다. 왜 마야는 티칼을 버려야 했을까요?

보통의 학설은 농토의 황폐화와 인구 증가 그리고 전쟁으로 인한 사회 붕괴가 그 원인이라고 하는데, 그게 전부일까요? 티칼이 자리 잡은 열대의 정글은 분명 도시가 들어서기 좋은 조건이 아닙니다. 지리적으로도 고립되어 있어 증가하는 인구를 효율적으로 수용하기 위한 도시 확장에도 어려움이 많습니다. 대부분의 고대 문명이 열대 정글이 아닌 반 건조 지대의 강 하구에서 탄생한 건 풍부한 물과 일조량, 비옥한 토지뿐 아니라 도시 확장이 가능했기 때문입니다. 마야는 왜 인간 생존과 배치되는 정글에 문명을 세웠을까요? 마야와 앙코르와트의 예처럼 열대 우림에 세워진 문명은 쇠퇴와 더불어 역사에서 사라지고 기억에서 잊혀졌습니다. 반면 강 하구에 세워진 문명은 쇠퇴하더라도 새로운 주도 세력이 나타나 문명을 이어가고 더 확장해나갔습니다. 그래서 민족은 바뀌어도 문명은 사라지지 않고 이어졌습니다. 쇠퇴와 함께 사라져버린 정글 문명, 마야는 그들의 운명을 알고 있었을까요?

기원후 869년만큼이나 마야의 인상적인 해는 2012년입니다. 마야는 역법으로 무언가를 설명하려 한 특이한 문명입니다. 『아즈텍과 마야신화』(범우사, 1998)를 저술한 칼 토베Karl Taube는 "역법이란 시간과 공간을 결정하고 그에 질서를 부여해주는 것이다"라고 말합니다. 마야의 역법은 순환적 구조를 가진 보통의 달력과 달리 직선 개념이며 한 주기를 5200년으로 잡고 있습니다. 하루 24시간, 한 달 30일, 일 년 365일로 구성된 우리의 역법은 순환할수록 조금씩 오차가 생겨 1000년이 지나면 달력을 다시 손봐야 하는 딜레마에 빠지게 됩니다. 『달력과 권력』(이정모, 부키, 2015)에 따르면 "시저가 집권하기 전인 기원전 46년에는 윤달이 3번이나 연장되어 일 년이 445일이었으며 그런 혼란을 극복하기 위해 시저는 율리우스력을 제정하여 공포했다"고 합니다. 하지만 율리우스력 또한 일 년에 11분의 차이가 있어서 1500년이 지난 1582년에는 10일의 차이가 발생했습니다. 달력과 하늘의 운동이 일치하지 않자 농업의 파종과 수확뿐 아니라 교회의 제사까지도 엉뚱한 때에 해야 하는 일이 발행하면서 사회 혼란이 가중되었고 이로 인해 당시 교황인 그레고리우스 13세는 새로운 역법을 제정하게 되었다고 합니다. 현대까지 사용되는 그레고리력은 이때 생겨났지만 이 역시도 오차가 있어서 멀지 않은 미래에 다시 손봐야 한다고 합니다. 이는 순환적 역법이 갖는 한계라고 보아야겠죠.

마야는 그런 한계를 알고 있었나 봅니다. 시간을 직선의 개념으로 받아들이고 순환주기를 무한에 가까운 시간으로 잡았으니 말입니다. 세 개의 톱니바퀴를 시계 반대 방향으로 돌리며 한 주기를 365일이 아닌 5200년으로 계산해낸 그들의 꿋꿋한 의지가 놀랍습니다. 그뿐 아니라 365일을 한 주기로 하는 달력보다 정확도도 높다고 하니 그저 찬복할 뿐입니다. 얼마 전 세상을 혼란 속으로 몰아넣었던 인류의 마지막 날, 2012년 12월 21일은 마야력에 따른 것입니다. 마야의 시간 계산에 따르면 인류는 제5태양계에 살고 있고, 제5태양계는 기원전 3114년에 시작했으므로 제5태양계의 마지막 날은 5200년에서 3114년을 뺀 2012년 12월 21일라는 것입니다. 인류의 종말이라고 이야기하던 바로 그날입니다. 근거 없는 허무맹랑한 이야기일 수 있으나 과학적으로 증명된 바에 따르면 2012년 12월 21일은 은하계의 중심, 즉 우주의 적도에 태양이 정확히 일직선으로 정렬되는 시간이었습니다. 아드린 길버트Adrin Gilbert가 『The end of time』에 쓴 내용을 보면 더욱 흥미진진합니다.

"마야 문명의 장長주기에 나온 대로 창조의 날인 기원전 3114년 8월 12일로부터 13번째 박툰이 완성되는 2012년 12월 21일에 태양은 우리 은하계의 정중앙과 일직선을 이루게 된다. 오리온 자리가 있는 그곳은 마야인들이 자신들의 시조인 우나푸르와 스발렌케가 왔다고 말하는 곳이다."

황도우주의 적도와 태양이 정확히 일직선으로 정렬되는 날은 5200년에 딱 하루밖에 없다고 합니다. 마야는 그날을 기록했고 그 이상을 언급하지 않았습니다. 마야인들이 왜 그날을 계산하여 기록으로 남겼고, 그날을 어떻게 계산해냈는지 여전히 많은 수수께끼가 남아 있습니다.

정지된 시간, 아크로폴리스 광장

무거운 숙제를 안고 티칼의 중심지인 아크로폴리스 광장에 들어섰지만 해결의 실마리는 묘연합니다. 아크로폴리스 광장 주변으로 티칼을 대표하는 신전이 모두 세워져 있습니다. 광장을 사이에 두고 마주 지어진 재규어 신전제1신전과 제2신전은 티칼의 상징적인 피라미드입니다. 광장 한편에 자리 잡은 가면의 신전제33신전은 좀처럼 보기 어려운 피라미드의 내부를 볼 수 있는 유일한 신전입니다. 티칼의 피라미드는 지구라트형으로 정상 부분에 신전을 두었습니다. 9단으로 된 피라미드의 모양은 천상으로 이어지는 길을, 피라미드의 정상은 신전이 신이 거처하는 천상의 공간임을 상징하고 있습니다. 하지만 어딘가 기형적입니다. 피라미드의 사면이 매우 가파르고 밑변도 정사각형이 아닌 듯합니다. 지금까지 너무 정형화된 피라미드만을 생각했나 봅니다. 피라미드의 밑변이 정사각형이어야 한다는 고정관념은 이집트의 대피라미드나 멕시코의 태양의 피라미드에서 온 거겠죠. 피라미드가 꼭 정사각형일 이유는 없지만 유독 티칼의 피라미드만 정사각형이 아닐 이유도 없으니까요. 아크로폴리스 광장 한편에는 사건들을 기록한 석주가 가지런히 놓여 있습니다. 저는 서기 869가 새겨진 석주 앞에 한참을 서 있었습니다. 그날 이후 마야는 기록을 남기지 않았습니다. 그렇다고 마야가 정확히 869년에 티칼을 버린 것도 아닐 것입니다. 하지만 그날, 기록에 의해 운영되던 사회가 기록을 멈추었습니다. 더 이상의 건축도, 변화도 없는 정체의 시간이 시작된 것입니다. 티칼에는 무슨 일이 일어났던 것일까요?

아크로폴리스 광장을 벗어나 티칼에서 가장 높은 제4신전을 향해 오릅니다. 제4신전은 가장 높은 신전이라서 가장 멀리, 가장 깊게 티칼을 조망할 수 있습니다. 제4신전에 오르면 정글 위로 머리만 내민 신전들이 보입니다. 티칼은 16평방킬로미터 면적에 3000개의 건축물이 세워진 당대 세계 최대의 도시였습니다. 석회암 암반을 파서 그 돌로 피라미드를 짓고 돌을 파낸 웅덩이는 저수지로 만들어 도시와 농토에 충분히 물을 제공한 기능적인 도시였습니다. 제4신전에 오르면 과거의 티칼을 상상할 수 있습니다. 지금은 정글로 변했지만 나무 위로 빼꼼 솟은 건축물을 보며 그 규모와 광대함에 놀랍니다. 그리고 다시 묻습니다. 왜 마야는 이토록 정교하게 건설된 도시를 버리고 떠났을까요?

티칼 유적지를 벗어나면서 몇 가지 질문을 아메리코에게 던졌습니다. 그는 질문을 던질 때마다 "아닙니다. 그렇지 않습니다"로 대답을 시작했습니다. 제가 읽은 책들이 잘못된 지식을 전달하고 있나요. 그의 표현에 따르면 제가 읽은 책은 25년 전의 기록이라고 합니다. 그렇겠죠. 제가 읽은 인문 서적은 오래 전 유학한 이들이 쓴 내용이고, 그들도 그 이전에 쓰여진 책을 참고했을 테니까요. 마야 상형 문자를 전공했다는 아메리코는 저의 잘못된 지식을 바로잡아 줍니다. 아 카카오Ah Cacao 왕은 펜실베니아 학술팀이 마야 상형문자를 해독하지 못한 상태에서 그의 상징이 카카오 모양이라고 해서 붙인 이름이고, 로스트 월드 역시 펜실베이니아 학술팀의 20대 학자가 붙인 이름이며 티칼의 지명은 스페인 탐험가가 붙인 이름이라 합니다. 과연 진실은 무엇일까요. 마야어가 해독되며 하나씩 새롭게 옷을 바꾸어 입는 티칼. 마치 로제타 스톤이 해석되며 피라미드의 진실이 밝혀졌듯이 티칼의 진실도 옷을 벗고 있습니다.

"티칼은 마야어로 무툴Mutul, 아 카카오왕의 이름은 자사우 찬 카위일

Jasaw Chan K`awiil입니다. 앞으론 그렇게 불러주세요."

"여행자에게 좀 무리한 요구인 거 같은데요."

"그렇지 않아요. 원어로 부르면 마야가 더 잘 보일 겁니다."

"그나저나 자사우 찬 카위일이 이 많은 건축물들을 다 건축하진 않았겠죠?"

"물론이죠. 하지만 중요한 건축물은 그가 다 지었습니다. 그러니 위대한 건축왕이죠."

저는 아프리카 인문여행기를 쓰며 5명의 건축왕을 뽑았습니다. 진시황, 파차쿠텍Pacha Kutiq, 람세스 2세Ramses II, 샤 자한Shah Jahan, 루이 14세Louis XIV입니다. 그런데 다시 생각해보니 샤 자한과 루이 14세를 빼고 이집트 대피라미드를 건축한 임호텝Imhotep과 오늘 찾아낸 아 카카오왕, 아니 자사우 찬 카위일을 넣어야 할 것 같습니다.

Atitlan

세상에서 가장 아름다운 호수, 아티틀란

멋진 신세계

안티구아Antigua를 출발한 차는 판 아메리카 도로를 2시간, 다시 좁은 산길을 1시간 더 달려 아티틀란 호수가 내려다보이는 산릉에 오릅니다. 아티틀란 호수를 만나기 위해 제가 오른 능선은 그냥 산이 아니었습니다. 화산 분화구 능선을 따라 분화구 안으로 들어선 것입니다. 화산 호수를 감싸는 직경 18킬로미터의 분화구는 7만 5000년 전의 흔적을 고스란히 담고 있습니다. 그 규모가 얼마나 거대하고 웅장한지 30분을 내달려서야 저를 호숫가의 호텔에 내려놓습니다. 화구 안에 들어선 이상, 여행자는 자연에 목숨을 내맡겼음을 알아야 합니다. 화산이 조금이라도 움직이면 여기가 무덤이 될 것이기 때문입니다. 겸손한 마음으로 호수를 바라보며 그 옛날 호수를 방문한 거인을 떠올립니다. 영국 작가 올더스 헉슬리Aldous

Huxley는 아티틀란 호수에서 새로운 세상을 구상했습니다. 바로 헉슬리가 1932년에 발표한 소설 『멋진 신세계』(문예출판사, 2018)입니다. 그는 아티틀란에서 무엇을 보았기에 기술 발전으로 인간성이 상실된 사회를 생각해냈을까요? 『멋진 신세계』의 한 대목은 사라진 마야를 연상시킵니다.

> "저는 안락을 원치 않습니다. 저는 신을 원합니다. 시와 진정한 위험과 자유와 선을 원합니다. 저는 죄를 원합니다."
>
> "그러니까 자네는 불행해질 권리를 요구하고 있군 그래."
>
> "그렇게 말씀하셔도 좋습니다." 야만인은 반항적으로 말했다.
>
> "저는 불행해질 권리를 요구합니다."
>
> "그렇다면 말할 것도 없이 나이를 먹어 추해지는 권리, 매독과 암에 걸릴 권리, 먹을 것이 떨어지는 권리, 이가 들끓을 권리, 내일 무슨 일이 일어날지 몰라서 끊임없이 불안에 떨 권리, 장티푸스에 걸릴 권리, 온갖 표현할 수 없는 고민에 시달릴 권리도 요구하겠지?"
>
> 긴 침묵이 흘렀다.
>
> "저는 그 모든 것을 요구합니다." 야만인은 마침내 입을 열었다.
>
> 신세계의 지배자 무스타파 몬드는 어깨를 추슬렀다.
>
> "마음대로 하게"라고 그가 말했다.

재미난 대목입니다. 모든 것이 통제되고 관리되는 사회에서 통제와 관리의 안정과 편리를 거부하는 야만인이 도리어 인간에 가까워 보이니 말입니다. 인간은 본래 불안정하지만 자유로운 존재죠.

헉슬리는 아티틀란에서 무엇을 보고 『멋진 신세계』를 구상했을까요? 아티틀란에는 마야의 고립된 12개의 마을이 호수 주변에 산재해 있습니다. 저는 호숫가의 마을을 방문해 마야의 얼굴을 찾아가는 여행을 하였습니다. 배를 타고 첫 번째 마을을 지나 두 번째, 세 번째 마을을 찾아가는 동안 호수를 가르는 싱그러움 이외에는 마야라고 할 만한 것이 무엇 하나 보이지 않습니다. 왜 저는 마야가 사라질 때의 그 모습 그대로 존재해야 한다고 생각하고 있을까요? 제 자신은 현대적으로 변했으면서 남은 그대로 있어야 한다고 생각했으니 오만하기 그지없는 여행자인 거죠. 마음이 오만하니 몸이 피로하고 재미없는 여행이 되어버렸습니다. 마을 사람들은 마야의 피를 이었고, 과거의 생활 풍습을 부분적으로 지켜가고 있지만 여행자를 위해 자신을 포장하는 일은 하지 않고 있습니다. 세상이 변하는 대로 자신들도 조금씩 변화하며 살아갈 뿐입니다. 그러니 특별한 무엇을 찾는 오만한 여행자에게는 지루하기만 합니다. 헉슬리는 어땠을까요? 그가 아티틀란을 방문했던 90년 전에는 마야의 삶이 평상적으로 유지되고, 마야 문화가 보석처럼 유지되었을 듯합니다. 헉슬리는 아티틀란에서 마야를 보았고 그들의 모습에서 미래의 인간을 찾아낸 것이겠죠. 그렇다면 헉슬리는 무엇을 이야기하고 있나요. 자유를 얻은 인간만이 진정 행복한 인간이라는 말을 하려는 건 아닌지요.

마야는 사라짐으로써 스스로를 유지했습니다. 마야가 아즈텍이나 잉카 같이 제국을 이루지 못할 이유는 없었습니다. 실제적으로 한때는 거대 제국을 이루며 선진 문명국의 자리를 유지했습니다. 그러다 어느 날 갑자기 역사가들이 말하는 실종, 다른 시각으로 보면 미래에 대비한 선택을 하였습니다. 마야의 선택이 얼마나 현명했는지를 보여주는 자료가 있습니다.

아즈텍은 1521년, 잉카는 1533년에 멸망한 것에 비해 마야는 초기의 무법 시기가 지나 어느 정도 식민통치의 틀이 잡히고, 식민지와 본국이 공존하기 시작할 때인 1692년에야 멸망했습니다. 초기의 파괴를 현명하게 피한 것입니다. 도시를 떠난 마야는 정글의 작은 공동체로 존재했기 때문에 스페인의 눈을 피할 수 있었으며, 이러한 이유로 오래도록 존속했고 정신과 문화를 지켜갈 수 있었습니다. 자료를 통해 본 마야의 선택은 더욱 극적인 결과를 보입니다. 아즈텍은 멸망 당시 인구가 1600~2000만 명이었고, 잉카는 600~800만 명의 인구를 가졌지만 100년이 지난 17세기 인구 조사에 따르면 멕시코의 원주민은 100만 명, 잉카의 원주민은 60만 명으로 줄었습니다. 이를 숫자로 환산하면 약 95퍼센트의 원주민이 사라진 것입니다. 이에 비해 마야는 멸망 전 인구가 200~300만 명이었고, 350여 년이 지난 20세기 말 칼 사퍼가 조사한 마야 원주민은 125만 명이었습니다. 혼혈로 인해 순수 마야인에서 제외된 수를 고려할 때 마야의 인구는 크게 줄어들지 않았다고 볼 수 있습니다. 문명과 인구를 온전히 보존

할 수 있었던 마야의 선택. 마야는 미래를 내다보고 스스로 사라지기를 택한 것일까요?

마야의 피라미드엔 그들의 불행이 기록되어 있었을까요? 전기 마야는 티칼을 끝으로 막을 내리고 후기 마야가 시작됩니다. 티칼을 떠난 지배층은 북으로 올라가 북에서 내려온 사람들과 함께 후기 마야를 열었습니다. 이들이 꽃피운 후기 마야는 유카탄 반도 곳곳에 마야의 도시를 재건했습니다. 반면 일반 백성들은 남으로 내려가 정글 깊숙이 숨어버렸습니다. 티칼을 떠나 정글로 사라진 사람들 중 일부가 여기 아티틀란에 자리를 잡았습니다. 그러니 아티틀란은 마야의 정신을 숨긴 곳이라고 단언해도 괜찮을 것 같습니다. 호수 건너 또 다른 마야의 마을을 찾아가며 마야의 선택에 대해 다시 생각해봅니다. 마야는 그렇게 스스로를 지웠고 조용히 존재를 이어갔습니다. 그리고 여전히 나름의 방식으로 존재하고 있습니다. 하루 종일 마야 마을을 기웃거리다 숙소로 돌아왔건만 마야를 느끼기에는 부족하기만 합니다. 헉슬리가 그랬듯 오래도록 머물며 그들의 정신을 느껴야죠. 하루라는 짧은 시간에 무언가를 보려 한 건 지나친 욕심인 것 같습니다.

과테말라는 마야의 후예답게 23개의 마야어를 공용어로 인정하고 있으며 3개의 지역 언어를 더해 총 26개의 공용어를 가진 나라입니다. 라틴아메리카의 고유 언어는 스페인의 지배를 받으면서 위기를 맞았습니다. 스페인 왕 카를로스 3세가 스페인어만 사용하도록 규제하는 칙령을 공포했기 때문입니다. 라틴아메리카 전 지역에서 오직 스페인어만 사용하도록 법으로 정해지고, 법에 의해 모든 공식 문서와 언어 교육이 스페인어로 한정되면서 스페인어만이 유일한 소통 언어로 자리 잡았습니다. 스페인의 언어 정책은 라틴아메리카 전역을 스페인어로 묶는 긍정적인 효과도 있었지만, 원주민의 고유 언어가 고립된 소수 원주민 공동체에서만 유지되는 원인이 되었습니다. 또 스페인어의 사용 여부가 신분과 부를 결정하는 사회적 결정 요인이 되면서 스페인 언어권에 흡수되지 못한 인디오 공동체는 극빈층으로 전락하게 되었습니다. 스페인어 단일 언어 정책은 라틴아메리카의 신생독립정부에서도 지속적으로 이어졌는데, 이는 독립의 주체가 원주민 인디오가 아닌 끄레올요라틴아메리카 태생의 스페인계 백인와 메스티조였으며, 스페인어를 기반으로 하는 단일 언어 통합 국가를 추구했던 정책적 이유도 한몫했다고 합니다.

영원할 것만 같은 스페인어 중심의 단일 언어 정책은 라틴아메리카 독립 후, 두 세대가 지나고서야 새로운 요구에 직면하게 됩니다. 스페인과 감성적 연대감이 단단한 구세대와 달리 새로운 세대는 스페인과의 유대감이 적었기 때문에 자신들을 유럽에서 분리해서 바라보게 됩니다. 그렇게 새로운 세대들은 나는 누구인가를 묻는 정체성에 대한 질문에 직면하게 되었고, 그 해답을 라틴아메리카에서 찾으려는 문화예술운동을 벌이게 됩니다. 이러한 문화예술운동은 사회적 공감을 일으켰고, 라틴아메리카의 고유한 가치가 예술, 문화 분야를 넘어 사회의 중심 화두가 되었습니다. 급기야 정치적 이슈로 발전하게 되면서 라틴아메리카 여러 나라에서 인디오의 소수 문화를 문화 본류로 수용하고 인디오 언어를 공용어로 인정하는 다多언어 정책을 펼치게 됩니다. 나는 누구인가에서 시작된 질문이 다언어 정책에 이르기까지 100여 년이 필요했다고 하니, 스페인의 잉카, 마야, 아즈텍 지우기는 성공한 정책이었다고 봐야겠죠.

현재에도 스페인어는 여전히 라틴아메리카의 공용어입니다. 하지만 12개가 넘는 나라들이 제1언어로 원주민 언어를 수용했고 대부분의 라틴아메리카 국가에서는 스페인어와 원주민 언어를 공용어로 인정하는 추세입니다. 비로소 자신들이 누구고 어디로 가야 하는지를 깨달은 것 같습니다.

아픔을 깨고 나온 아름다움, 산 페드로 화산

아티틀란의 밤은 호수에 노을이 드리우며 시작됩니다. 호수는 종일 잔잔하다가 해질녘 '소코밀xocomil'이라고 불리는 바람이 불어오면서 호수 표면에 하얀 포말이 거칠게 일렁입니다. 마야는 소코밀을 죄악을 쓸어가는 바람이라고 믿었습니다. 아침에 일어나서 하루 종일 쌓은 죄과를 소코밀에 씻어내고 다시 태어나는 밤, 영혼을 맑게 하고 고민을 씻어주는 밤의 향기에 귀 기울이며 갈채를 보냅니다.

"오늘 쌓인 부덕은 가라. 내일을 위해 나는 비워야 한다."

아티틀란의 둘째 날, 산 페드로San Pedro 화산을 오릅니다. 산 페드로 화산은 호수에 접한 세 개의 화산 중 가장 인상적입니다. 과테말라는 곤드와나 대륙과 로라시아 대륙이 만난 접점입니다. 아메리카의 남북 대륙이 만난 접점이다 보니 지판의 변두리이기도 하고 땅의 두께도 얇아 화산활동이 빈번한 지역입니다. 과테말라는 30여 개의 화산이 있고, 활화산도 5개나 되는 뜨거운 땅입니다. 화산의 나라에 왔으니 화산에 올라가봐야죠.

산 페드로 화산 트레킹은 배를 타고 호수를 가로질러 다다른 마을에서 다시 개조된 화물차를 타고 국립공원 입구까지 이동하고 나서야 시작됩니다. 커피로 유명한 마을이라 그런지 입구부터 커피농장 벽화가 눈을 잡아당깁니다. 적당한 고도, 화산재의 풍부한 무기물, 따뜻한 태양과 마야의 훈기까지 있으니 천하제일의 커피가 여기서 재배될 만합니다. '툭툭이'로 불리는 개조된 화물차를 타고 20분을 달려 도착한 국립공원 입구에서 등산안내자를 배정받고 트레킹을 떠납니다. 화산은 직선이고 단선이며 머뭇거림이 없습니다. 입구에서부터 곧바로 시작되는 오르막은 끝까지 이어집니다. 처음 1시간을 오르면 전망대가 나오는데, 호수를 바라보기에는 정상과 차이가 없습니다. 첫 번째 전망대로 부족하면 30분 떨어져 있는 두 번째 전망대를 목표로 삼아도 좋습니다. 정상은 두 번째 전망대에서 1시간 30분을 더 가야 합니다. 두 번째 전망대를 지나면 등산로가 더욱 가파라지고 땅도 눅눅해집니다.

부양토같이 부드럽고 폭신한 땅에는 윤기가 가득하고 숲은 아늑하게 태양을 막아줍니다. 그렇게 3시간을 올라 정상에 오르면 좁은 바위가 아슬아슬하게 정상을 알립니다. 정상에서 바라보는 아티틀란 호수는 너무 멀어 작은 연못 같습니다. 모터보트를 타고 한 시간이나 달렸던 넓은 호수라고 생각되지 않습니다. 거대한 분화구는 8만 년 전쯤 일어난 거대한 폭발로 탄생했습니다. 8만 년 전 지구엔 어떤 일이 있었던 걸까요. 비슷한 시기의 인도네시아 자바섬에서도 비슷한 일이 일어나 1300평방킬로미터나 되는 거대한 토바호수가 만들어졌습니다. 아마 그날의 대폭발로 지상의 생명체들은 급격한 추위를 겪어야 했겠지만, 지구는 오랫동안 안정을 찾았을 겁니다. 그렇게 만들어진 거대한 칼데라를 내려다보니 아름다움이란 아픔을 깨고 나온다는 생각이 듭니다. 아픈 만큼 더 빛나고 아름다운 것이죠. 훔볼트는 아티틀란을 향해 "세상에서 가장 아름다운 호수"라는 최고의 찬사를 남겼습니다. 얼핏 석양에 일렁이는 소코밀을 본 듯합니다. 호수는 분화구에 포위되어 출구가 없습니다. 마야인들도 그걸 알고 들어와 정착했겠죠. 물은 어디로 빠져나가는 것일까요. 마야는 정녕 통로 없는 선택을 한 것인가요….

Antigua

평온을 선사하는 도시, 안티구아

시간이 멈춘 곳, 산토도밍고 호텔

반쯤 허물어진 폐허의 잔재들이 소박하게 외투를 걸치고 선 건물 앞에 멈췄습니다. 보잘것없는 대문은 활짝 열려 있고, 그 틈으로 슬쩍 보이는 건물은 깊은 밤같이 적막에 싸여 있습니다. 대문을 통과해 건물로의 첫 발을 딛자, 마치 천당과 지옥의 갈림길에 선 듯한 야릇한 느낌이 듭니다. 입구에서 이어진 긴 회랑에는 수십 개의 작은 촛불 접시가 놓여 있어 저와 같은 방문객을 어디론가 인도하는 듯합니다. 비로소 산토도밍고 호텔에 들어섰다는 것이 실감납니다.

회랑을 따라 걷다보면 마치 300년 전, 수도원 원장을 찾아온 초보 수도사가 된 듯한 기분이 듭니다. 초보 수도사에게 열망이 있다면 이곳에 남아 신의 수단이 되는 것이겠죠. 긴 회랑을 지나는 동안 벽의 부서진 틈을 통해 힐끗 보이는 식당마저 운치가 있습니다. 긴 회랑의 끝에 다다르면 넓은 정원과 조화롭게 꽃피운 화초들의 환대를 받습니다. 참 멋진 한 폭의 그림입니다. 300년 전의 운치와 현대의 조화, 생소하지 않은 삶이 상식을 넘어 한 공간에 이어지고 있는 호텔에서 저는 수속을 끝내고도 흥분을 멈출 수 없었습니다. 방으로 향하는 회랑에는 총총걸음으로 신에게 달려가던 수도사들의 발걸음이 뒤따르고, 벽을 파고 전시된 유물들이 시간의 흔적을 일깨우고 있습니다. 신은 그런 존재죠. 바라보기도 불러보기도 버거운 마음의 큰 짐입니다. 평생 큰 짐을 지고 살았을 수도사들의 간절함이 흔적으로 남은 듯 퇴색한 벽은 헐벗은 그대로 300년을 지키고 서 있고, 호텔은 그런 벽마저 공간의 일부로 받아들이고 있습니다. 디럭스 룸이라고 안내받은 큼지막한 방은 옛 모습 그대로 정비되어 있습니다. 불이 타오르는 벽난로 앞에 앉으니 마치 300년 전 방의 주인이 된 듯합니다. 어린 시절, 부모를 잃고 수도원에 들어와 평생 신을 모시고 살았던 한 남자는 수도원의 원장이 되었고, 성인으로 추앙받았습니다. 방이라는 공간에서 300년의 시간을 뛰어넘어 그분과 마주한 것이죠.

"어서 들어와 앉으세요. 손이 얼었군요. 불을 쬐세요."

"저는 손도 마음도 모두 얼었습니다. 무엇으로도 저를 녹일 수 없을 겁니다."

"신은 하나입니다. 불안과 두려움은 신에게 맡기세요."

"저는 피곤합니다. 신에게 저의 절반을 부탁드려야겠습니다. 신은 누구든 받아주나요? 신은 무엇이든 받아주나요?"

"당신이 버리고 싶은 걸 신에게 주세요. 그리고 받고 싶은 걸 달라고 하세요."

"신은 사랑스럽군요. 당신의 신이 아름다운 이유를 알겠습니다."

저는 큰 침대에 쓰러지듯 누웠습니다. 300년 전 이곳에 누웠던 주인과 오늘 이 방의 주인이 된 저는 그렇게 밤에 빠져들었습니다.

아침이 되어 새로운 사람을 만났습니다. 안티구아를 안내해줄 일리아나입니다. 안티구아 여행의 시작은 산토도밍고 호텔의 유물 전시실입니다. 유물 전시실에 들어서면 정교한 예술품과 우아한 분위기에 풀썩 주저앉게 됩니다. 허물어진 벽을 그대로 살려 조형물을 배치한 예술 감각이 돋보입니다. 과테말라 각지에서 출토된 마야의 유물과 이를 현대적으로 해석한 현대 작가의 작품을 같은 전시공간에 진열해서 과거와 현대를 응시하는 독특한 진열 방식을 택하고 있습니다. 지루한 고대 유물이 현대적으로 다시 태어나며 공감과 해석의 멋을 한층 뽐내는 공간입니다. 전시실을 나와 신에게 더 가까이 다가가라는 채찍으로 사용되었을 수도원의 지하 공간으로 이동합니다. 천천히 지하로 들어가면 당시 주교가 사용한 성스런 성물들이 전시되어 있습니다. 명칭을 알 수는 없지만 금으로 된 왕관과 지팡이를 비롯한 다양한 장식품이 진열되어 있는데, 모두 금이라는 게 놀랍기만 합니다. 금은 인간계에선 탐욕의 대상이지만, 신의 세계에선 사랑과 공감의 한 표현인가 봅니다.

유물 전시실에서 나와 느긋하게 아침을 먹고 호텔 밖으로 나갔습니다. 안티구아는 '인류에게 평온을 선사하는 도시'라고 회자됩니다. 구도시의 좁은 도로는 로마와 같이 돌을 끼워 바닥을 고른 방식으로 되어 있습니다. 흔들거리며 마차가 이 길을 다녔겠죠. 단층의 건물은 벽이 두껍고 문이 소박합니다. 아마 300년 전, 정부 기관이나 종교 시설, 또는 상가로 쓰였던 건물들이겠죠. 산토도밍고 호텔의 벽은 두께가 1미터에 가깝습니다. 돌과 석회를 섞어 만든 내력벽이 있었기에 수도원은 지진과 화산 폭발을 견뎌냈을 것입니다. 지붕과 벽돌로 쌓은 벽이 심하게 허물어진 것에 비해 내력벽은 여전히 형체를 유지하고 있는 걸 보면, 두꺼운 내력벽이 건물을 유지시킨 것 같습니다. 안티구아의 건물들은 대부분 그렇게 지어진 듯합니다.

외관은 초라하고 단순해도 집안으로 들어가면 넓은 정원과 정방형의 건물 구조를 갖췄습니다. 안티구아의 건물 구조와 비슷하게 겉은 초라하고 단순하지만 집 내부로는 화려한 정원과 넓은 공간을 갖추고 있던 스톤시티탄자니아 진지바르의 도시의 집들이 기억납니다. 스톤시티의 건물에서는 자신의 탐욕을 감추려는 이들의 집이라는 인상을 받았었는데, 안티구아의 느낌은 전혀 다릅니다. 안티구아에서 밖은 인간 세계를, 안은 신의 세계를 의미하니 건물을 지을 때 외부는 단출하고 내부는 화려하게 꾸며놓은 것이겠죠. 한때 안티구아는 과테말라, 코스타리카, 니카라과, 온두라스,

엘살바도르, 파나마를 하나로 묶은 식민지 중앙아메리카의 수도였습니다. 그러나 1776년에 발생한 지진과 화산 폭발로 도시는 폐허가 되었고, 과테말라시티로 수도를 옮겨야 했습니다. 로마의 베수비오Vesuvio 화산이 터졌을 때 폼페이는 완전히 파괴되어 영원히 폐허로 남겨졌습니다. 반면 안티구아는 푸에고Fuego, 불을 의미 화산이 터졌을 때 70퍼센트가 파괴되고, 나머지 30퍼센트는 온전했다고 합니다. 그 30퍼센트가 신을 떠받든 도시와 신을 버린 도시의 차이인 것인가요.

그날 이후 폐허가 된 안티구아는 300년 동안 세상과 동떨어진 채 방치되었습니다. 인류가 겪은 급격한 도시화와 산업화에서 소외되어 화산이 터졌던 18세기의 시간 속에 그대로 묶여버린 것이죠. 사람들은 안티구아를 버리고 떠났고 도시에는 신의 벌을 달게 받으며 반성과 종교적 열정으로 충만한 사람들만 남았습니다. 폐허가 되기 전의 안티구아는 사실 환상적인 종교 도시였습니다. 프란시스코파, 도미니카파, 메르세드파, 카푸치나파, 제수이트파, 카르멘파 등 아메리카에 신의 역사를 펼쳤던 가톨릭 교파들이 전부 모여 있었고, 이들이 지은 수도원이 38개, 성소가 15개에 달하는 거대 종교집합지로서 라틴아메리카 전체를 대표하는 가톨릭 성소였습니다. 그럼에도 벌을 받은 건, 신의 뜻을 잘못 헤아린 인간의 잘못인 것이겠죠. 그래서 안티구아에 남은 사람들은 신에게 더욱더 간절하게 반성하고 기원했습니다. 그리고 그 기원은 이루어졌습니다.

도시화가 정점을 지나고 인류에게 공허가 찾아온 20세기 후반, 18세기의 모습 그대로 남겨진 안티구아는 인류에게 마음의 고향이 되었기 때문입니다. 향수를 불러일으키는 중세의 도시, 폐허를 품은 멋스런 도시, 문화가 살아 있는 도시, 안티구아. 그날의 화산 폭발은 안티구아에게 저주가 아닌 축복의 선물이었던 것이죠. 300년 전의 그날은 화려함은 쉽게 퇴색되지만 은은함은 정점이 없다는 것을 깨우쳐 준 날이었습니다. 안티구아는 정점에서 폐허가 되었습니다. 가장 화려하고 번성했을 때 인간은 신의 뜻을 왜곡하기 시작했고 신은 그런 안티구아를 방치할 수 없었겠죠. 그렇다고 폼페이처럼 모든 것을 끝내지 않았으니 안티구아는 선택받은 도시임엔 분명합니다.

저는 안티구아를 조금씩 알아가는 하루의 여정을 시작합니다. 십자가 언덕에 올라 아구아 화산과 도시 전체를 조망하고, 메르세데스 성당과 그 안에 숨겨진 분수대를 찾아가 봅니다. 노란색 아치가 세워진 중심대로를 걸으며 도시의 운명을 바꾸었던 화산을 사진에 담고, 광장의 대성당을 찾아가 행정수도였을 당시의 건물을 눈으로 훑습니다. 따가운 햇살에 쫓겨 호텔로 돌아오니 안티구아에서 무엇을 보아야 하는 건지 어리둥절합니다. 안티구아에는 크게 내세울 볼거리가 없기 때문입니다. 하지만 안티구아는 여행자들에게 영혼의 휴식처로 알려져 있고, 안티구아의 커피는 습식커피의 대명사로 불립니다. 볼거리를 찾아 헤맨 제가 잘못한 것이죠. “눈이 아니라 귀를 열라”는 아프리카의 속담처럼 안티구아에 온 여행자는 눈이 아니라 마음을 열어야 하는가 봅니다.

이상한 나라의 비극과 책임

하루를 함께 보낸 일리아나를 저녁에 초대했습니다. 21세의 이혼녀 일리아나는 두 명의 아이를 홀로 키우는 어린 엄마입니다. 일리아나는 16살의 어린 나이에 달콤한 말에 넘어가 아이를 가졌지만, 정작 남자는 아기가 생기자 떠났다고 합니다. 절망에 빠져 있을 때 두 번째 남자를 만났고 그 역시 아기를 하나 더 남기고 떠났다고 합니다. 16살 소녀에게 모든 책임을 떠넘긴 남자들이 무책임해보입니다. 그런데 그런 남자가 부지기수不知其數라네요. 무거운 짐을 홀로 떠맡은 어린 엄마이자 대학생인 그녀는 아기와 자기의 미래를 위해 잠시도 쉬지 않고 일을 해야 한다고 말합니다. 대학을 졸업하면 외국으로 유학을 가서 국제법을 공부하겠다는 당찬 포부를 갖고 있지만 당장 학비며 아기의 식비도 감당하기 어려워 학기를 쉬고 가이드를 하며 돈을 벌어야 하는 상황이었습니다. 그녀는 자기 같은 약자는 더 많은 공부를 해야만 사회에서 안정된 직업을 얻을 수 있고, 그래야만 자기와 같은 여성을 도울 수 있다고 말합니다. 그녀가 하고 싶은 건 아직도 조혼이 성행하는 시골의 어린 여자아이들이 "NO"라고 말할 수 있도록 가르치는 것입니다. 어린 엄마의 사연을 듣고 있으면 조혼은 무책임한 부권사회의 어두운 뒷거래라는 생각이 듭니다. 『나 누주드, 열 살 이혼녀』(바다출판사, 2009)를 통해 예맨의 조혼 문화를 전 세계에 고발한 누주드 알리Nojoud Ali의 예에서도 볼 수 있듯이 남자의 성적 탐욕은 무책임하고 폭력적입니다. 그러고는 비겁하게도 종교와 전통이라는 자기합리화 뒤에 숨어버립니다. 자신은 내보이지 않으면서 종교와 전통에 대해서만 이야기하는 비겁한 남자들은 탐욕만 채울 뿐 아무런 책임도 지지 않고 도피하기에 급급합니다. 남겨진 모든 짐은 어리고 연약한 여자의 몫이 되고 말죠. 그런 면에서 조혼은 이상한 나라의 사회적 병리현상입니다.

일리아나가 겪은 이상한 나라의 병리현상은 관습 때문만이 아니었습니다. 그건 과테말라가 겪었던 지난날의 처절했던 환경과도 관련이 깊습니다. 내전이 한창이던 1970~90년대 정부군이 게릴라를 소탕한다는 명목으로 시골의 인디오 부락을 급습하여 마을을 포위한 채 주민 전체를 살해하는 사건이 빈번히 일어났다고 합니다. 농촌에 존립했던 마야 공동체는 반군과는 아무런 연관이 없었음에도 정부군은 의심되는 마야 공동체를 멸절했다고 합니다. 정부군이 마을에 들이닥쳤던 날, 일리아나의 마을은 초토화가 되었고 그녀는 부모님과 가족들을 모두 잃었습니다. 갓 태어난 핏덩이였던 그녀는 뙤약볕에 방치되었고, 몇 시간 후면 죽었을 운명이었지만 운 좋게 다른 마을 사람에게 구조되어 살 수 있었습니다. 혼자가 된 그녀에게 주어진 삶의 선택은 단순했다고 합니다. 살기 위해 나이 든 남자의 여자가 되어야 했고 아이를 낳아야 했던 것이죠.

그럼에도 일리아나는 엄마로서 아기를 책임지는 당연한 과정을 밟아가는 중이고, 그나마 영어를 구사할 수 있어 관광 안내자 일을 할 수 있다는 게 얼마나 다행스러운지 모른다며 안도의 미소를 짓습니다. 속 깊은 그녀의 이야기를 들으며 "바뀌어야 하는 건 날씨가 아니라 정치"라는 영화 『인터스텔라』Interstellar, 2014의 한 구절이 떠오릅니다. 정치만이 아닙니다. 인간이기도 하지요. 피터 싱어는 자신의 저서 『이렇게 살아가도 괜찮은가』(세종서적, 1996)에서 칸트의 실천이성을 비판하며 한 예를 듭니다. 홀로코스트의 책임자 아이히만은 법정에서 "자신은 평생 칸트의 도덕적 명령에 따라, 특히 칸트의 의무론에 따라 살았다"라고 항변했다고 합니다. 그래서 유태인을 가스실로 보낼 때 연민을 느꼈으나 연민에 동요하기보다 의무를 다하는 것이 더 중요하다고 믿었기에 의무에 충실했다고 항변하며 행위의 정당성을 주장했다고 합니다.

군인들은 명령에 따랐고 명령을 내린 사람은 승리를 위해, 피해를 줄이기 위해 필요한 결정이라고 판단했겠죠. 무엇이 잘못된 것인지 입장에 따라 답이 다르니 어리둥절합니다. 칸트가 내세운 도덕은 어떤 경향성에도 이끌리지 않고 오로지 의무감으로 행동할 때에만 해당되는 엄격한 도덕입니다. 그런데 무엇에 대한 의무감인지 난해하기만 합니다. 칸트가 충분히 설명했는데 아이히만이 잘못 이해한 것이겠죠. 과테말라의 정부군도 명령에 따라 굳건히 의무를 실천한 것이라고 봐야 할까요? 사람이 사람을 죽이는 일을 잠시 잠깐의 충동이 아닌 수십 년을 반복해야 한다면 굳건한 실천의지와 도덕적 신념 없이는 유지하기 어렵습니다. 정치가 무서운 건 그런 속성 때문입니다. 그래서 잘못된 정치가 세상을 혼돈으로 몰아가지 않게 불을 밝히고 지켜봐야 하고, 이것이 지성인에게 시대가 요구하는 실천의무가 아닐까요. 안티구아에서 만난 21살의 어린 엄마는 질문을 던져놓고 돌아갔습니다.

"누군가는 책임져야 합니다."

안티구아에서 가장 보존이 잘된 메르세드파 수도원 경내의 분수대.
안티구아는 로마 가톨릭의 거대 종교집합지로 수도원은 당시의 영광을 짤막하게나마 보여주고 있습니다.

제2신전에서 제1신전인 재규어신전과 아크로폴리스 광장을 바라봅니다.

300년 전의 운치가 남아 있는 회랑을 지나 산토도밍고 호텔의 박물관에 들어섰습니다.
폐허가 된 건물 한편을 활용해 마야의 조각품과
이를 현대적으로 해석한 조각품을 한 전시공간에 배치해두었습니다.

아티틀란 호수에는 해 질 녘에 소코밀이라는 바람이 불어옵니다.
아낙은 하루의 죄를 씻으려는 듯 바람을 부르고 있습니다.

헉슬리는 아티틀란 호수를 "세상에서 가장 아름다운 호수"라고 칭했습니다.
거대한 화산이 감아쥔 호수에는 마야의 숨겨진 마을이 있고
산 페드로 화산이 가파르게 서 있습니다.

마야의 여인이 광장에서 기념품을 팔고 있습니다.
강렬한 색의 옷과 머리 모양은 전통 마야식이라고 합니다.

안티구아의 커피는 대표적인 습식커피입니다.
화산토의 무기물을 흡수하며 잘 영근 커피는 향이 짙고 맛이 깊습니다.

안티구아를 한 눈에 내려다볼 수 있는 전망대에서 여행자는
헉슬리의 소설 『멋진 신세계』를 읽으며 한낮의 여유를 즐깁니다.

ROUTE 5

비련을 품은 열정의 도시,
멕시코

Mexico City

메소아메리카의 심장, 멕시코시티

사연의 도시에서 속삭임을 듣다

혼란 속에 다양함이 응축된 멋스러운 도시, 멕시코시티의 첫인상은 극과 극이었습니다. 멕시코시티는 2200만 명의 인구가 사는 거대 도시입니다. 멕시코시티는 4000만 명의 인구가 있는 중국의 중경 다음으로 큰 도시임에도 속삭이듯 다정합니다. 거대한 도시에 속삭인다는 표현이 어울릴까 싶지만 멕시코시티에는 어울리는 표현입니다.

멕시코시티의 사연을 하나씩 벗겨가기 위해 인류학 박물관을 여행의 첫 방문지로 삼았습니다. 정문에 들어서면 멕시코 신화 속 생명의 나무를 형상화한 조형물이 서 있습니다. 이 조형물은 하나의 기둥만으로 거대한 지붕을 지지하고 있는 세계에서 가장 큰 조형물에 꼽힙니다. 박물관 내 12개의 전시실은 이 조형물을 중심에 두고 'ㄷ자'로 배치되어 있습니다.

박물관 여행은 눈과 머리를 잠시도 쉬지 않고 긴장해야 하므로 시간이 지날수록 집중력이 떨어지게 됩니다. 그래서 무엇을 찾아볼지 정한 다음, 마음에 둔 걸 콕 집어 찾아가는 요령이 필요합니다. 저의 선택은 아즈텍Aztec의 태양석Piedro del Sol, 산 사람의 심장을 담았다는 착몰Chac Mool, 그리고 올메카Olmeca 문명의 거대 두상입니다.

첫 전시실에서 아즈텍의 태양석을 마주하니 난해한 표현과 거대한 규모에 압도당합니다. 무게 24톤, 직경 3.5미터로 성인 남성 평균 키의 두 배에 달하는 태양석의 거대한 규모와 정교한 묘사에 다시 한 번 지구 곳곳에 남겨진 거석 문화를 생각하게 됩니다. 경이로운 존재에 대한 표현으로 이보다 값진 노력이 있을까요?

당시로 보면 거대 석조 건축물들은 인간의 능력을 넘어선 것이었고, 그렇기에 지금까지도 미스터리로 받아들여지고 있습니다. 거대 석조 건축물을 건축하는 것은 인류에게 무리해보이는 일이었으나 인류에게 신이 있었기에 이를 무난히 해낼 수 있었던 것은 아닐까요? 어쩌면 신을 위해서만 존재하는 영원성은 아닌지요.

아즈텍과 아스틀란의 뿌리를 찾아서

아즈텍의 태양석은 아즈텍의 수도인 테노치티틀란Tenochtitlan 중앙 광장의 대신전 앞에 세워질 입석이었습니다. 종교적 상징물인 원형의 돌에는 아즈텍인들의 삶을 관통하는 믿음이 단단히 새겨져 있습니다. 태양석에는 중앙에 혀를 내민 태양과 그 주위를 감싸는 5개의 원이 조각되어 있는데, 이는 제5태양계를 표현하는 것으로 아즈텍인들의 우주관을 함축하고 있습니다. '5'라는 숫자는 다양한 의미를 가진 상상의 숫자입니다. 이집트의 오벨리스크는 동서남북 사방과 이를 모으는 중앙에 제5방위를 두었고, 잉카제국은 스스로를 4방을 뜻하는 '타완틴수유'라고 불렀으며 4방의 중심에 쿠스코를 두어 제5의 형이상학적 지배를 강조했습니다. 중국은 세상의 이치를 5행의 순행으로 이해했습니다. 세상의 질서를 하늘과 땅, 흑과 백, 악과 선 등 대치적 양자관념으로 살피는 건 고대문명의 일반적인 현상이지만 5방위, 5행의 공감은 흔치 않은 일입니다. 숫자 5를 강조한 문명권이 서로 교류한 흔적이 아닐까요? 고대문명권의 상호교류는 구전으로만 전할 뿐 기록이 전무해 근거가 부족한 추측에 머무르고 있습니다.

1570년에 라틴아메리카로 건너온 환 데 또바르Juan de Tovar 신부는 원주민들의 이야기를 모아 역사책을 썼습니다. 아즈텍이 멸망하고 얼마 지나지 않은 시기여서 구전으로 내려오는 아즈텍의 역사를 정확히 기록으로 남길 수 있었다고 합니다. 그는 자신의 저서에서 "아즈텍은 두 개의 나라에서 왔는데, 2차로 유입된 집단은 아스틀란Aztlan에서 왔다. 하지만 아스틀란이 어딘지는 전해져만 올 뿐 누구도 알지 못한다"라고 기록하고 있습니다. 자신들이 어디서 왔는지 정확히 알지 못한다면 아주 오래전에 그 땅을 떠난 것이고, 세대를 거쳐 전해지는 동안 지명만 남고 기억은 변형되었다고 봐야 합니다. 월터 J. 옹Walter. J. Ong은 자신의 저서인 『구술문화와 문자문화』(문예출판사, 1995)에서 "구술은 문자 기록과 달리 어떤 상황이나 조건에 종속되는 상황을 서술하지 않고 지식이나 상황을 이어가는 형식을 취한다"라고 정의합니다. 그의 주장대로라면 구술에 과장은 있을지언정 왜곡은 없습니다. 그러니 또바르 신부의 기록이 꽤나 진실을 바탕에 두고 있다고 볼 수 있겠죠.

또바르 신부가 기록으로 남긴 '아스틀란'이란 지명은 우리와 깊은 연관이 있어 보입니다. 아즈텍어로 아스는 '흰색'을 의미하고 틀란은 트란과 같은 말로 '땅'을 의미합니다. 즉 아스틀란은 '흰옷을 입은 사람들의 땅 혹은 밝은 빛의 땅'을 뜻하고 있습니다. 혹 한반도를 지칭하고 있는 것은 아닌지요. 다분히 억지스러운 면이 있기는 하지만 이런 주장을 뒷받침하는 기록이 여럿 있다고 합니다. 에두아르 젤러Eduard Seler의 멕시코 역사 연구에 의하면 멕시코의 민족 이동은 기원후 50년, 북아메리카에서 내려온 '쿨와Culhua'라는 부족에 의해 시작되었다고 합니다. '쿨와'라는 말은 우리에게 익숙한 말입니다. '고리'를 뜻하기 때문입니다. 고리족은 바이칼 부근에 살던 부족으로 남하해 단군조선을 세웠으며 후에 부여를 거쳐 고구려의 주축이 되었습니다.

그렇다면 아즈텍과 우리는 뿌리가 같은 형제인가요? 이런 막연한 상상을 구체화한 인물이 있습니다. 손성태 교수에 따르면 부여를 세운 고리족의 일파가 아메리카로 건너왔고, 북아메리카를 거쳐 멕시코 고원에 정착해 멕시코의 선주민이 되었다고 합니다. 기원후 50년, 고리족의 1차 이동이 있었으나 이때는 규모가 크지 않았고 494년 부여의 패망 이후 연해주를 떠나 아메리카로 건너온 2차 이주 세력이 800년경 멕시코 고원을 침공하며 똘떼까 시대가 열렸다고 합니다. 이후 862년에 연해주를 건너 마지막으로 이주한 3차 이주 세력이 2차 세력과 합심하여 1248년에 아즈텍을 세웠다고 합니다. 아즈텍을 세운 3차 이주민은 누구인가요? 또바르 신부가 남긴 역사책은 이들이 누구인지 명확하게 밝히지 못하고 단지 북쪽에서 내려온 호전적인 유목민이라고만 기록하고 있습니다. 손성태 교수의 주장대로 연해주에서 이주해왔다는 우리와 뿌리가 같은 고리족의 후예들이 아닐까요? 당시 만주의 상황을 보면 고구려가 멸망하면서 강제로 이주된 2만 8000호의 고구려 난민이 있었고, 이들은 장안현 서안과 조양현 심양에 방치된 채 한 세기를 보냈습니다. 당나라가 급격히 쇠퇴하던 8세기 중엽 이정기를 필두로 한 일파는 산둥반도로 이주하여 지방왕국을 세움으로써 고구려의 부흥을 꾀했습니다. 이때 장안에 거주하던 난민들은 혼란을 피해 남하를 시작하여 오늘날 운남성과 태국 치앙마이, 라오스에 거주하는 고산족으로 살고 있습니다.

만약 조양의 난민 중 일부가 축지반도를 건너 아메리카로 넘어온 것이라면 고구려의 난민이 세운 왕국이 아즈텍이 아닌지요. 손성태 교수는 자신의 이론을 증명하기 위해 언어의 유사점을 꽤나 구체적으로 제시하였는데 "아시키-아새끼, 잡이래-잡을래, 태백-산, 다조타-다 좋다, 다마틴니-다 맞힌 사람" 등 아즈텍의 언어가 우리의 북방 언어와 거의 일치한다는 예를 몇 페이지에 걸쳐 논거로 제시하고 있습니다. 더불어 손성태 교수는 두 언어가 모두 교착어라는 공통점을 가지고 있다는 점도 하나의 증거라고 설명합니다. 교착어는 어근에 접사를 붙여 단어를 파생시키거나 문법적 위치를 정하는 언어로 알타이어 계통 언어의 특징입니다. 구대륙에선 몽고리아 고원에서 퍼져나간 헝가리, 핀란드, 터키를 비롯해 우리나라, 일본 등 많은 나라가 교착어를 사용하는 데 비해 아메리카에선 아즈텍의 나와틀어, 잉카의 케추아어만이 교착어라고 하니 같은 뿌리라는 추론에 무리가 없어 보입니다. 정말로 아즈텍인은 연해주에서 먼 여행을 한 우리와 뿌리가 같은 고구려의 후예인가요?

빙하기와 문명의 이동

그런데 이해 못 할 점이 하나 있습니다. 북아메리카는 비옥합니다. 비옥한 땅을 마다하고 남으로 내려와 멕시코 고원에 자신들의 왕국을 순차적으로 세운 이유가 달리 있지 않을까요? 멕시코 중앙고원엔 기원전 1500년부터 올메카라는 최초의 문명이 있었고, 그 뒤를 이어 기원전 200년부터는 찬란한 테오티우아칸 문명이 꽃을 피웠습니다. 북방 민족의 침략은 기원후 800년부터 시작되었고 900년경엔 테오티우아칸 시대가 똘떼까 시대로 대체되었으며, 북에서 내려온 세력에 의해 1248년경에 아즈텍이 건국되었다고 합니다. 북방 민족의 남하와 이에 따른 권력 재편은 구대륙에서는 흔한 현상입니다. 구대륙에서는 이런 현상을 정주 사회로의 유목민의 이주와 야만인의 문명권 편입현상으로 치부합니다. 멕시코로 남하한 이들 역시 풍요로운 문명 세계를 향해 남하한 것이겠죠. 반면 역사의 흐름을 바꾼 민족 대이동이 단순한 동경이나 탈취를 목적으로 일어나는 현상이 아니라 기후의 변화로 인한 생존투쟁이었음을 보여주는 연구도 있습니다.

클리프 해리스Cliff Harris와 랜디 맨Randy Mann이 만든 'Global Temperature'에 의하면 부여의 잔속 세력이 남하를 시작한 800년은 'Dark Age인도네시아 크라카토아 화산 등이 터지며 갑자기 기온이 내려가 400년간 추위가 계속된 소빙하기'라고 불리는 소빙하기가 정점을 지나 따뜻해지는 시기입니다. 즉 추위를 견디다 못해 남하하던 사람들이 날씨가 조금씩 풀리며 세력을 더욱 키워갔을 때입니다. 이들이 900년경 주변을 평정하고 똘떼까 시대를 열었고, 비슷한 시기 연해주를 떠나 북아메리카에 정착했던 고구려 유민들이 무슨 이유에서였는지 남하를 시작해 멕시코 중앙고원에 아즈텍을 세운 것이죠. 아즈텍의 건국 시기도 'Global Temperature'에 의해 조명하면 'Little Ice Age1300년경 화산분출로 기온이 급강하한 소빙하기'가 막 시작하려는 시점에 해당됩니다. 따뜻한 기온이 갑자기 급강하하기 시작하자 아즈텍을 세운 사람들이 남하를 시작한 것으로 보아야겠죠.

그런데 문제는 이들의 남하와 함께 인신공양이 시작되었다는 것입니다. 어느 민족도 감히 행하지 않은 인신공양을 국가적 대사로 받아들이고 신의 이름을 빌려 성스럽게 자행한 사람들. 그들은 정말로 우리와 같은 뿌리인가요? 아즈텍은 케찰코아틀이라는 뱀 형상의 신을 숭배했습니다. 케찰은 깃털이 우아한 새를, 코아틀은 뱀을 뜻합니다. 케찰코아틀이란 깃털이 달려 하늘을 나는 뱀을 의미하고 우리에겐 아주 익숙한 동물입니다. 세상엔 존재하지 않지만 엄청난 파괴력과 힘을 가지고 하늘과 물을 지배하는 동물, 용龍입니다. 『동석씨의 중남미 스토리텔링』(오동석, 삼지사, 2014)에서 저자는 "멕시코의 기록에 의하면 670년 2차 이동 때 이들을 이끈 무당은 용신을 섬기는 무당이었다"라고 말하고 있습니다. 만주에서 용은 정의를 실현하는 우상이었는데, 아메리카로 건너가서는 사람을 잡아먹는 신이 된 거죠. 무당이 꿈꾼 세상은 무엇이었을까요. 팔딱이는 심장을 올려놓았던 거무튀튀한 조각상, 착몰은 흥건히 피를 빨아들인 듯 어둡고 음침합니다.

아즈텍실을 나와 미스터리 거대 두상을 전시한 멕시코만실을 찾았습니다. 거대 두상은 입술이 뭉뚝하고 주먹코에 쌍꺼풀이 살짝 지어져 한눈에 봐도 흑인의 모습입니다. 에티오피아인 혹은 아프리카인의 형상이라고 불리는데, 혹자는 이 두상을 들어 아메리카와 아프리카가 기원전부터 교류한 증거라고 말합니다. 거대 두상은 1862년에 최초로 발견되었으며 현재까지 발견된 두상은 17개라고 합니다. 큰 것은 무려 50톤에 달하고, 크기도 제 키보다 한 자나 더 크니 의도를 가지고 제작된 것이겠죠. 하지만 누가, 왜, 언제, 어떻게 만들었는지 알려진 사실이 하나 없습니다. 그래서 나온 말이 또 우주인입니다. 아프리카와 남미를 단숨에 공간 이동하는 우주인, 그들은 지구촌에 또 어떤 메시지를 남겨놓았을까요.

5200년이라는 긴 시간을 계산해낸 마야의 달력을 품은 아즈텍의 태양석은
시간의 무한함을 계산하려 한 인간의 도전인 듯합니다.

기원전 1500년경 존재한 라틴아메리카 첫 문명의 올메카 두상은
아프리카와의 교류를 의심하게 합니다.

Teotihuacan

비련의 역사를 품은 멕시코

라틴아메리카 문명의 집결지, 테오티우아칸

하루를 보냈을 뿐인데 멕시코시티의 향기가 점점 붉게 짙어짐을 느낍니다. 멕시코시티의 향기는 왜 모진 피비린내를 동반할까요? 아메리카 대륙의 중심이자 남과 북을 잇는 통로에 자리 잡은 멕시코의 지리적 특수성 덕분일지도 모릅니다. 북에서 남으로 가든 남에서 북으로 가든 하나의 세력이 이동할 때 거쳐야 했던 통로였으며, 남과 북이 충돌하고 이질적인 세력이 만나 새로운 질서가 만들어지는 땅이기 때문입니다.

멕시코시티가 메소아메리카의 중심이 되기 전, 세상의 중심은 테오티우아칸이었습니다. 아메리카 최초의 도시 문명이자 상상을 초월하는 문명의 집결지였죠. 테오티우아칸은 기원전 200년경에 시작되어 기원후 800년까지 1000년간 지속되었고, 북에서 내려온 똘떼까에 의해 멸망했다고 전해집니다. 테오티우아칸은 놀라운 문명을 창달했고, 신과 인간의 소통로인 거대한 신전을 지었습니다. 테오티우아칸의 면적은 20만 평방킬로미터로 동시대 최대의 도시였습니다. 고대 왕국의 강자 중국은 테오티우아칸이 존속했던 1000년간 한나라에서 시작해 5호 16국 시대, 남북조 시대를 거쳐 수, 당나라에 이르는 여러 왕조로 이어졌습니다. 중국만이 아니라 구대륙 어디에도 천년 왕국은 찾아보기가 어렵습니다. 하나의 문명대국이 1000년간 존속했다면 군사 강국이거나 평화로운 땅이었다는 것인데, 소수의 북방 유목민에 맥없이 무너진 걸 보면 테오티우아칸은 평화로운 문명대국이었던 것 같습니다. 이는 지금도 남아 있는 거대한 건축물과 도시구조를 통해 엿볼 수 있습니다. 테오티우아칸이 멸망했을 시기, 중국 당 왕조는 최전성기를 누리고 있었습니다. 당시 장안성의 크기는 약 12만 평방킬로미터로, 동시대 서구 최대의 도시인 비잔틴성의 6.7배에 달하는 규모였습니다. 반면 테오티우아칸의 면적은 20만 평방킬로미터라니, 얼마나 거대한 도시였는지 짐작할 수 있습니다.

테오티우아칸의 가치는 멸망 후에도 도시가 활용되는 데 있습니다. 이는 제국의 멸망과 함께 제국의 중심부가 폐허로 변하는 역사의 순환에도 비켜서 있을 만큼 건축물의 수준이 높고, 침략자를 흡수할 만큼 수준 높은 문명을 이룩했다는 증거입니다. 고전기 마야와 교류하며 마야의 우주관에 영향을 미친 테오티우아칸은 제5태양계가 시작된 성스러운 장소였으며 문명의 시작점이자 종결점이었습니다. 『라틴아메리카를 찾아서』(곽재성, 우석균, 민음사, 2000)에 따르면 제4태양계가 끝나고 태양과 달이 사라져 세상은 어둠의 지배를 받습니다. 헌데 유일하게 테오티우아칸에만 일말의 빛이 존재했기 때문에 신들이 이곳에 모여 어둠이 지배하는 세상을 걱정하기 시작했다고 합니다. 신들은 고민 끝에 두 명의 신을 선발하여 빛을 살리기로 했고 자원하고 나선 나나우아씬Nanauatizin과 떼꾸씨아까뜰Tecuciztecatl이 불 속에 뛰어들어 몸을 태웠습니다. 두 명의 신이 자신을 태우며 하나는 태양으로 다른 하나는 달로 다시 태어나 세상이 밝아졌다는 이야기가 테오티우아칸에 전해 내려온다고 합니다. 다시 말하면 제5태양계의 시작이 테오티우아칸에서 비롯된 것이었으니 테오티우아칸은 제5태양계를 믿는 아즈텍과 마야, 잉카의 중심이자 최고의 성소인 거죠. 메소아메리카의 주인이 된 똘떼까와 아즈텍은 테오티우아칸을 파괴하기보다 계승자로서 테오티우아칸을 보존하고 활용했습니다. 대지의 주인이 바뀌어도 여전히 성스러운 신전 도시로 남아있으며, 현재에도 메소아메리카의 땅 기운을 가름하는 테오티우아칸. 혹시 그 안에 뛰어넘을 수 없는 신성이 있어서는 아닐까요?

인신공양의 비극

테오티우아칸을 계승한 두 문명의 공통점은 모두 북아메리카에서 이주해 온 호전적인 유목민이라는 점입니다. 이들은 강력한 중앙집권제를 이룩하지 못한 연합정권이었습니다. 구대륙에서도 정주민은 중앙집권적 관료국가를 추구하는 반면, 유목민은 이해를 바탕으로 하는 연합체 성격의 국가를 세웠다가 이해가 상충되면 해체되고 사라지는 일이 반복되었습니다. 그래서 유목제국을 경제공동체라고 합니다. 유목민과 정주민의 관계는 정반합의 순환 구조와 같습니다. 둘의 이질적인 조합은 새로운 합을 만들며 변화를 이끌었습니다. 이렇듯 정주민을 자극하며 역사의 원동력이 된 유목민의 갈망과 정주민의 한계는 무엇인가요. 헤로도투스는 일찍이 둘의 관계를 간파한 듯합니다.

"좋은 과일과 좋은 군인을 동시에 배출하는 땅은 없다. 비옥한 땅은 지배하기보다 지배당할 가능성이 크다."

메소아메리카에서도 헤로도투스의 명제는 들어맞은 것이죠. 유목민 똘떼까와 아즈텍은 정주민의 도시 테오티우아칸을 점령했으나 지배할 수는 없었습니다. 그리고 그들이 선택한 건 인신공양이었습니다. 인신공양에 반대파를 약화시키려는 정치적 의도가 짙다는 학자들의 분석에 공감하지 않습니다. 멸망을 눈앞에 둔 시점까지 인신공양에 매달린 아즈텍을 설명하기에는 근거가 부족하기 때문입니다. 어쩌면 테오티우아칸이 이룩한 높은 신성에 닿을 수 없음을 알고 자멸하려 한 게 아닐까요?

말린체라는 인물이 있습니다. 유카탄 반도에 위치한 작은 부족의 공주였다가 어머니에 의해 노예로 팔린 후 코르테스에게 선물로 주어졌고, 코르테스의 아이를 낳음으로써 메스티조의 어머니로 불리는 여성입니다. 코르테스를 도와 아즈텍 멸망에 큰 역할을 한 그녀는 아즈텍의 후예를 자처하는 멕시코에서 배신의 상징으로 통하고 있습니다. 그녀는 왜 아즈텍의 멸망에 기여했을까요? 코르테스를 사랑했기 때문일까요? 당시 아즈텍에 지배를 받았던 여러 부족들이 아즈텍의 멸망에 앞장섰던 것을 보면 그 이상의 이유도 있는 듯합니다. 그들은 미래에 희망을 걸었고, 그 희망을 스페인이 가져다주리라 믿은 것 같습니다. 아즈텍보다 더 야만적이고 잔인한 스페인이었지만 아즈텍이 건재하기까지 스페인은 속내를 숨기고 꽤나 신사적이었나 봅니다.

아즈텍의 멸망을 애석하게 보는 건 기막힌 왜곡입니다. 아즈텍의 멸망에 목 놓아 통곡한 사람들은 귀족이나 왕족이었을 테니까요. 인신공양을 당해야 했던 사람들에게 아즈텍의 멸망이 애석할 리는 없을 것입니다. 문제는 아즈텍이 스페인에 의해 멸망했고, 스페인은 아즈텍보다 더 잔인하고 야만적이었다는 것입니다. 말린체는 아즈텍을 증오했고, 스페인을 믿었습니다. 그녀는 스페인의 아이를 낳음으로써 새 시대를 열었고 문화적 융합의 상징이 되었습니다. 그녀가 꿈꾼 세상은 무엇일까요? 테오티우아칸 시대로의 회귀가 아니었을까요? 하지만 스페인은 테오티우아칸의 이상을 받아들일 준비도, 역량도, 마음도 없었습니다. 말린체의 꿈은 꿈으로 끝난 것이죠. 그녀도 스페인의 시대, 폭력과 야만의 시대를 피해갈 수 없었습니다. 말린체가 꿈꾼 테오티우아칸 시대는 어떤 시대였기에 모든 사람의 희망으로 남은 것일까요?

똘떼까나 아즈텍은 칼에 의해 확장되고 유지된 왕국입니다. 그리고 그 기저엔 상대를 공포로 몰아넣은 인신공양이 있었습니다. 기록에 따르면 아즈텍은 일 년에 2만 명을 인신공양으로 바쳤다고 합니다. 흑요석으로 만든 칼로 산 사람의 가슴을 갈라 펄떡이는 심장을 '착몰'이라는 돌 선반에 올려 태양신께 헌정하는 일을 하루도 거르지 않았다는 뜻입니다. 심지어 1487년 태양의 피라미드에 덧씌우기 공사를 끝내고 가졌던 재봉헌식에는 4일 동안 8만 200명을 제물로 바쳤다는 기록도 있습니다. 제물이 될 사람들이 도심 밖까지 길게 줄을 서서 자기 차례를 기다리는 진풍경이 연출되었겠죠. 그러고 보면 사제도 대단히 피곤한 직업입니다. 가슴뼈를 갈라야 심장을 온전히 꺼내는데, 도끼가 아닌 칼로 갈빗대를 뜯어내는 작업은 힘겨운 노동이었을 테니까요. 그럼에도 인신공양이 신전문화로 자리잡은 건 신은 머리가 아닌 가슴으로 믿는 대상이기 때문이겠죠. 그러나 세상의 모든 질서가 그러하듯 누적된 피로는 사람들로 하여금 대안에 눈뜨게 했을 것입니다.

모두가 죽음의 대상이 됨으로써 공포는 저항을 가져왔고, 아즈텍은 가장 전성기에 쇠퇴를 맞았습니다. 코르테스가 아즈텍의 수도 테노치티틀란에 입성했던 1519년은 목테수마 2세가 정복전쟁을 완료하고 아즈텍의 영역을 최대로 확장한 시기였습니다. 탄탄한 정예 부대와 2000만 명의 인구를 보유한 제국이 600명의 침략자를 막아내지 못한 이유가 공포 이외에 달리 있을까요? 겉으로는 평온했지만 인신공양이 백성들에게 주는 압박감은 대단했을 것입니다. 평화로울수록 정치는 신을 팔며 더 미친 듯이 날뛰었고, 그럴수록 아즈텍은 썩어 들어갔을 것입니다. 그랬으니 아즈텍이 그렇게 무기력하게 멸망했겠죠. 백성을 겁박하고 불편하게 하는 정치가 오래 못 가는 건 동서고금을 막론하고 마찬가지인가 봅니다.

달과 태양을 닮은 피라미드

테오티우아칸에서 유일하게 피라미드 정상에 오를 수 있는 달의 피라미드를 오릅니다. 피라미드의 종류로는 삼각뿔 모양의 무덤형과 정상에 신전을 짓는 지구라트형이 있습니다. 북아프리카의 피라미드가 무덤형이라면, 지구라트형 피라미드는 우르, 초가잔빌, 티칼, 테오티우아칸 등 다양한 지역에 산재해 있습니다. 단지 기자의 대피라미드가 너무 유명해서 피라미드를 대표할 뿐이죠. 기자의 대피라미드와 마야, 아즈텍의 피라미드의 차이점은 외형만이 아닙니다. 건축 공법과 건축 개념에서도 큰 차이를 보이고 있습니다. 피라미드가 낡거나 부분적으로 파괴되면 어떻게 할까요? 아마 훼손된 부분을 뜯어내고 새로 쌓는 부분 보수를 하지 않았을까요? 그런데 테오티우아칸, 티칼의 피라미드는 부분 보수가 아닌 전면 덧씌우기를 택했습니다. 낡은 부분을 보수하는 것에 비해 피라미드 위에 새로운 피라미드를 덧씌우는 일은 비용이 많이 들고 건축이 까다롭습니다. 그럼에도 덧씌우기를 마다하지 않았으니 이유가 있을 것으로 추측됩니다. 선조의 무덤을 봉인하고 새로운 피라미드를 봉헌하는 의식이라서 피라미드를 옮기지 않는다는데, 그 이외에 피라미드가 세워진 위치가 특별한 의미를 갖고 있지는 않을까요? 테오티우아칸의 달의 피라미드의 경우, 지하에는 물웅덩이가 있고 피라미드가 세워진 위치는 하늘의 에너지와 땅의 에너지가 만나는 지점이라고 합니다. 피라미드 정상에 오르면 말뚝을 박아두었던 자리가 아직도 있는데, 바로 하늘의 정기와 땅의 기운이 만나는 지점이라고 합니다. 그 자리만이 우주와 지하가 연결되는 통로였으니 피라미드를 옮기거나 변형시킬 수 없었겠죠. 천체와 통하는 대지의 중심이자 태양과 별의 움직임을 관측해 우주와 소통하고, 시간과 계절을 예측할 수 있었던 자리였으니, 피라미드는 옮길 수 있는 대상이 아니었던 것입니다. 그건 피라미드라서가 아니라 자리를 지켜야하기 때문인 것이죠. 덧씌우기를 선택한 테오티우아칸과 마야의 고민을 이제 이해할 듯합니다.

달의 피라미드에 오르니 멀지 않은 곳에 태양의 피라미드가 마주 서 있습니다. 태양의 피라미드는 기자의 대피라미드와 함께 세계에서 유일하게 π를 적용해 지은 건축물이라고 합니다. 두 대륙을 대표하는 피라미드에 π의 비밀이 숨어 있다면 무언가를 말하고 있는 것인가요? 저의 궁금증에 답이라도 하듯, 스팩치니라는 학자는 "기자의 대피라미드는 북반구를 4만 3000분의 1로 줄여놓은 것이다"라고 주장합니다. 그의 주장은 계측을 통해 얻은 수학적 수치이니 믿을 수밖에요. 그레이엄 핸콕은 여기서 한발 더 나아가 지구의 반지름과 둘레를 일정 축소 비율에 일치시키기 위해 π 공식을 채용했다고 설명합니다. 내용은 이렇습니다. 지구의 반지름을 146.73미터로 줄일 때 지구의 둘레는 921.46미터여야 하는데, 이 값을 성립하는 수는 2π라고 합니다. 실질적으로도 대피라미드의 높이는 146.73미터이며 밑변의 둘레는 921.46미터입니다. 그런데 두 값을 유지하기 위한 수 2π는 경사도 52도에서 유지되기 때문에 기자의 대피라미드는 2π값을 유지하기 위해 52도의 경사도로 지어졌다는 것입니다. 여기에 한술 더 떠 피라미드의 나라 이집트나 누비아 문명권에는 많은 피라미드가 있지만 모두 45도이고 52도의 각도를 가진 피라미드는 기자의 대피라미드가 유일하다고 하니 의도적이라는 표현에 설득력이 있습니다. π값은 기원전 3세기에 아르키메데스가 3.14로 산출해냈다고 알려져 있습니다. 아르키메데스가 살았던 시대보다 무려 2200년 전에 만들어진 대피라미드는 누구에 의해 π값이 적용된 것일까요. 그보다 무슨 이유로 경사도를 왜곡하면서까지 π값을 지키려 했을까요.

남미 대륙엔 콜럼버스가 도착하기까지 π의 개념이 없었다고 알려져 있습니다. 그런데 태양의 피라미드가 기자의 대피라미드와 함께 π값을 적용해 지은 유일한 피라미드라고 하니 모순이 아닌지 의문이 생깁니다. 태양의 피라미드는 정상에 신전을 짓는 지구라트형입니다. 그래서 정상 부분이 평평해야 합니다. 태양의 피라미드의 밑변 둘레는 893.49미터인 반면, 높이의 경우는 피라미드의 꼭지점에서 신전이 위치하게 되는 지점까지 삼각뿔을 잘라내야 하므로 높이가 71.17미터로 짧아지게 됩니다. 따라서 이집트 대피라미드와 같이 2π는 적용할 수 없지만 4π는 적용이 가능하다고 합니다. 다시 말해 태양의 피라미드의 경우, 밑변의 둘레와 높이가 고정된 상태에서 4π를 유지하는 값은 43.5도이므로 43.5도의 경사도로 지어진 건축물이라고 합니다.

실질적인 수치도 그렇고 실측에 의한 경사도도 43.5도이니 의도적으로 π값을 유지하려 한 의도가 궁금합니다. π는 무한수일뿐 확정된 값이 아닙니다. 하지만 구의 체적을 계산하기 위해서는 π값 없이는 불가능하다고 합니다. 그렇다면 구의 체적을 계산하려는 의도였을까요? 이집트의 대피라미드가 지구 체적의 4만 3000분의 1이듯이 태양의 피라미드는 태양의 체적을 일정 비율로 축소한 것인가요? 그렇지 않고서야 기울기를 왜곡해가며 π값을 유지하려 한 의도가 달리 있을까요. 태양의 체적을 계산하고 태양의 피라미드를 건축했다면 축소 비율은 어떻게 될까요? 그리고 그 비율이 암시하는 숫자는 무엇일까요? 분명 기울기를 왜곡하면서까지 π값을 지키려한 의도가 있을 겁니다. 단지 우리가 모를 뿐이죠.

시대의 영광이 남은 곳, 소갈로 광장

멕시코시티로 돌아와 소갈로Zocalo 광장에서 머뭇거립니다. 세계에서 가장 큰 광장은 천안문 광장이라지만 소갈로 광장도 이에 뒤지지 않습니다. 아즈텍의 마지막 황제인 목테수마 2세Moctezma II의 궁을 헐고 그 자재로 지었다는 대통령궁과 남미 최대의 성당이라는 메트로폴리타나Metropolitan 대성당이 자리 잡고 있습니다. 성당 앞에는 세계에서 가장 크다는 멕시코기가 펄럭이고 있습니다. 대성당은 짓는 데만 200년이 걸려 고딕은 물론 바로크 등 계몽시대의 건축 기법이 두루 반영된 독특한 건축물이라고 합니다. 대성당 근처에는 성당 자리에 있었던 템플 마요르Mayor가 지하에서 막 모습을 드러내 보입니다. 여기야말로 태양의 돌이 있어야 할 자리인 거죠. 광장을 일주하며 크기를 재어보고 도시의 규모를 상상해봅니다. 광장의 건물들은 아즈텍 시대의 건물 위에 세워졌으니 광장은 아즈텍 시대 규모 그대로입니다. 광장의 규모와 건물의 위치로 볼 때, 테노치티틀란은 대단히 크고 웅장하며 정교한 도시였음을 알 수 있습니다. 1519년 테노치티틀란에 입성한 코르테스는 너무 감격해서 자신이 본 것을 다음과 같이 황제에게 보고했다고 합니다.

"제가 말씀드릴 수 있는 전체의 100분의 1도 설명할 수 없습니다. 직접 그것을 목격한 저희도 믿을 수 없을 정도입니다. 만일 제 설명에 문제가 있다면 그것은 설명이 너무 길어서가 아니라 너무 짧아서일 것입니다."

동시대 스페인의 최대 도시인 세비야는 인구가 3만 명이었고 동로마 제국의 수도였던 콘스탄티노플의 인구도 10만 명을 넘지 못했던 사실에 비춰보면 25만 명이 거주하는 거대 도시와 대면하고 코르테스가 얼마나 놀랐을지 상상이 갑니다. 하지만 코르테스는 아즈텍을 정복했고 파괴했으며 지워버렸습니다. 그리고 그 위에 새로운 도시를 건설해나갔습니다. 알렉산더가 페르세폴리스를 파괴하고, 항우가 아방궁을 불태웠다고 지난 시대의 영광이 지워졌을까요? 건축물이 사라져도 영광은 이어졌습니다. 그런데 라틴아메리카에선 건물과 함께 문명도 깨끗하게 지워졌고 다시는 일어나지 못했습니다. 승자와 패자가 같이 호흡하는 시대가 필요함에도 라틴아메리카에서는 실현되지 않았습니다. 애석하게도 두 문명의 만남은 비극으로 끝났고 과거는 흔적도 없이 지워졌습니다. 그리고 그 위에 가톨릭의 역사가 새로 써졌습니다. 아즈텍은 멸망해야 마땅한 문명이었지만 스페인도 구원자는 아니었습니다. 아즈텍이 멸망하고 한 세기가 지났을 때 2000만 명이었던 인구는 100만 명으로 줄었습니다. 잔악한 문명을 피하려다 더 잔악한 문명을 만났으니 지하에서 말린체는 땅을 치며 통곡했겠죠. 역사를 보면 유럽과 라틴아메리카는 결국 만날 운명이었습니다. 단지 그 과정이 지나치게 폭력적이고 잔인했다는 점이 아쉬움으로 남을 뿐입니다.

멕시코시티에서의 마지막 날, 막시밀리언 1세Maximilian I의 한이 서린 차풀텍Chapultepec성과 기적을 행하는 과달루페Guadalupe의 마리아상을 찾았습니다. 작은 동산에 자리한 성을 오르며 비운의 주인공을 생각해봅니다. 막시밀리언 1세는 합스부르크Habsburg 왕가의 프란츠 요세프Franz Joseph 황제의 동생으로, 능력은 출중했지만 합스부르크 왕가의 적자는 아니었습니다. 그가 멕시코의 마지막 황제가 되고 멕시코의 공화정파에 의해 형장의 이슬로 사라지기까지 묵었던 왕궁이 차풀텍성입니다. 차풀텍성 안에는 러시아 차르가 황제 등극을 축하하며 보냈다는 청옥석 조각이 한 방 가득합니다. 시대를 거스르는 황제의 등극이었건만 러시아는 기뻤던 모양입니다. 얼마나 기뻤으면 방을 가득 채울 선물을 보냈을까요. 그렇다고 세상의 변화를 막을 수는 없죠. 세상은 공화정 체제로 달려가고 있었고, 러시아 차르와 막시밀리언은 불행한 죽음을 맞았습니다. 공화정과 민주정 체제는 현대의 유산이 아닙니다. 이미 그리스와 로마에서 정립된 정치체제입니다. 그리스와 로마가 가장 번성했을 때 그들의 정치체제는 공화정이었고, 모두가 참여하여 자기 의견을 피력하는 민주사회였습니다. 나폴레옹은 공화정의 힘으로 유럽을 휩쓸었지만 황제가 되고는 맥없이 쓰러졌습니다. 미국이 강대해진 건 건국부터 민주적 공화정을 추구했고 이룩했기 때문입니다. 공화정으로 치달은 시대에 왕정복고에 매달린 이 성의 주인은 시대에 역행한 바보였습니다. 죽을 줄 알면서도 황제의 자리를 포기하지 못했으니 말입니다.

그의 비련한 꿈은 멕시코의 역사와 함께 시작됩니다. 멕시코는 1824년에 스페인으로부터 독립하고 얼마 지나지 않아 미국과 전쟁을 해야 했고, 그로 인해 프랑스로부터 많은 부채를 안게 되었습니다. 멕시코는 전쟁에서 대패하며 국토의 절반을 미국에 빼앗겼을 뿐 아니라 전쟁배상금까지 물어야 해서 국고가 바닥남은 물론 부채 상환 불능을 선언하게 됩니다. 멕시코의 모라토리엄 선언은 최대 채권국인 프랑스를 자극했고, 프랑스가 부채 상환을 요구하며 멕시코를 침공해 지배하는 일이 벌어지게 된 것입니다. 프랑스의 왕 나폴레옹 3세는 멕시코의 공화정파를 제거하고 왕정 복귀를 시도했으며 그 자리를 막시밀리언 1세에게 제안했습니다. 야망의 사나이 막시밀리언 1세는 그렇게 멕시코의 왕이 되었지만 처음 약속과 달리 프랑스는 프로이센과의 전쟁이 임박하자 멕시코에서 철수했고 공화정파의 역공으로 그는 위기에 몰리게 됩니다. 나폴레옹 3세는 왕위를 포기하고 유럽으로 돌아오라고 제안했지만 그는 끝까지 왕위를 포기하지 않았고 결국 공화정파에 의해 이역만리 멕시코에서 형장의 이슬로 명을 다하였습니다. 합스부르크 왕가의 왕위를 이을 수 없었던 비운의 둘째, 막시밀리언 1세는 멕시코에서 왕이 되었건만 영광은 짧았고, 대가는 혹독했습니다. 그의 죽음과 함께 유럽의 최고 명문가인 합스부르크 왕가는 이후 급속히 몰락했는데, 프란츠 요세프 황제의 부인과 하나밖에 없는 아들은 비운의 자살로 생을 마감했고 합스부르크 왕가는 조카인 프란츠 페르디난트가 잇게 됩니다.

막시밀리언 1세가 멕시코에서 사형을 당하지 않았다면 차기 왕위는 그의 몫이었겠지만 능력과 야망을 지녔음에도 세상을 멀리 보지 못하고 멕시코 왕이라는 명예를 위해 부질없이 목숨을 버렸으니 차풀텍성을 돌아 나오는 내내 가슴이 저밉니다. 조금만 참았으면 평생 소원이었던 합스부르크 왕가를 계승했을 테니까요. 합스부르크 왕가는 막시밀리언 1세의 죽음, 차기 왕위 계승자인 조카의 자살, 그리고 형인 프란츠 요세프 왕의 죽음으로 왕가의 직계 승계가 끊어지고 사촌인 프란츠 페르디난트가 왕위를 이었습니다. 하지만 그가 사라예보에서 총에 맞아 숨을 거둠으로써 1차 대전이 일어났고 전쟁에서 패한 합스부르크 왕가는 결국 역사 속으로 사라졌습니다. 막시밀리언 1세가 왕이 되었더라면 어찌 되었을까요?

공화정을 받아들이지 못한 그의 품행을 볼 때 막시밀리언 1세는 그저 지난 시대의 낭만주의자일 뿐입니다. 로맨틱한 성과 파리의 루브르 궁을 본뜬 정원은 그의 성향을 보여줍니다. 전쟁에서 패하고 빚에 허덕이는 멕시코에 과연 로맨틱한 성이 필요했을까요? 그는 멕시코에 유럽을 만들고자 했지만, 원대한 꿈은 작은 성으로 그치고 말았습니다. 그가 소유한 땅도 결국 조그마한 성이 전부였던 것이죠. 막시밀리언의 희망과 달리 멕시코 사람들은 과달루페 성당으로 달려가 기적을 꿈꾸며 마리아의 품에 안겼습니다. 멕시코의 백성이 바란 꿈은 유럽의 재현이 아닌, 행복하고 풍요로운 삶이었을 겁니다.

멕시코의 꿈을 찾아 과달루페 성당을 찾았습니다. 과달루페 성당은 모세가 40년 광야에서 사용한 천막을 형상화해 기둥 없는 반원형으로 건축했습니다. 기둥 없는 건물은 현재는 일반적인 건축 양식이지만 당시엔 아주 독특한 건축 양식이었습니다. 인류학 박물관과 과달루페 성당을 건축한 페드로 라미레스 바스케스Pedro Ramirez Vazquez는 정말 도전적인 건축가인 듯합니다. 제가 과달루페 성당을 찾아간 날은 사순절 기간이라 전국에서 모여든 사람들로 발 디딜 틈도 없습니다. 마리아의 초상화를 몸에 끈으로 묶고 간절하게 15일을 걸어왔다는 사람, 다리를 못 쓰는 가족을 마리아에게 데려가려는 사람들로 성당은 넘쳐나고 마리아에게로 다가가는 좁은 복도는 기적으로 통하는 통로인 듯 북새통입니다. 기적을 못 이룬 허탈한 마음도 자신의 몫이겠죠. 다음과 내년을 기약하고, 그때까지 부족한 자신을 조금 더 신에게 몰입시키려는 사람들에게 마리아는 기적의 상징인가요? 아니면 생활인가요?

"비루한 삶에 희망은 기대밖에 없습니다. 신은 언젠가 나의 기대에 부응할 것이고 전 그날을 위해 쉬지 않을 거예요. 돈 있는 사람, 건강한 사람은 여기 오지 않아요. 그들은 이미 벗어났기 때문이죠."

저는 순례자의 순례가 올해로 마지막이 되기를 기도하며 뒤를 쫓아 마리아상으로 향했습니다. 여행이 끝나가는 시점이 되니 마음과 몸이 많이 지쳤습니다. 삶도 여행과 같아서 정해진 시간에 다가갈수록 시간이 더 있었으면 하고 아쉽겠죠. 시간이 더 주어지면 무엇이 어떻게 바뀔까요.

마리아는 성령을 받은 처녀 잉태와 몽소승천蒙召昇天, 육신과 영혼이 함께 승천하다의 상징입니다. 신의 선택이 아니고는 있을 수 없는 영광이죠. 힌두교 사원에 가면 큰 종이 매달려 있고, 사람들은 사원에 들어서며 종을 세게 치고 들어갑니다. 이토록 많은 사람들의 방문과 기도에 나의 간절한 기원이 묻혀버리거나, 신이 나를 보지 못하면 내가 담은 정성과 재화가 모두 물거품이 되고 말 테니 나를 봐 달라고 울리는 종소리가 처절하기만 합니다. 마리아상을 몸에 단단히 묶은 사람들이라고 다를까요. 과달루페 마리아는 동네 성당 입구에 선 보통의 마리아도 아니고 프랑스의 루르드, 포르투갈의 파티마와 함께 기적을 행하는 마리아가 아닌가요.

"기적을 행하여 주세요." 순례자는 마리아상을 지나며 지그시 눈을 감고 간절히 기도합니다. 순례자는 기적을 만났을까요? 다음 해를 기다리는 순례자에게 시간은 그저 감내해야 할 고통일 뿐일까요? 나이가 들수록 노쇠해지는 것을 불행이자 불편으로 여겼는데, 이제는 축복으로 받아들여야 할 것 같습니다. 나이가 들어도 몸이 청년 같다면 억울해서 눈을 감지 못할 테니까요. 순례자는 기적이 오지 않는 이 시간이 긴 축복의 연장이라는 걸 깨달아야 할 것입니다. 신은 끝까지 기적을 행하지 않겠죠. 신은 이미 그를 너무도 축복하고 있으니까요.

태양의 신전에서 사자의 거리를 내려다봅니다.
곧게 뻗은 길을 따라 신전 건축물들이 세워졌던 영광의 시대를 떠올립니다.

Chihuahua

멕시코 독립의 횃불을 당긴 도시, 치와와 주

판초비야와 42인의 사라진 대학생

사회학자인 루돌프 요셉 러멀Rudolph Joseph Rummel은 자신이 저술한 소설 『데모사이드』(기파랑, 2005) 서문에서 "20세기, 100년 동안 일어난 모든 전쟁의 희생자는 4000만 명에 달한다. 그러나 같은 기간에 무려 4배인 1억 7000만 명의 사람들이 총알이 아닌 권력에 의해 무방비 상태로 살해당했다"라고 이야기합니다. 사회학자인 루돌프 요셉 러멀이 소설을 쓰게 된 동기는 문학적 열의 때문이 아니라 딱딱한 사회학적 현상을 보다 쉽게 알리려는 의도였습니다. 소설 『데모사이드』는 히틀러, 스탈린, 모택동 등 대량 학살을 일으킨 역사의 영웅이자 도살자들이 권력을 잡기 이전, 평범한 시민이었던 시점으로 타임머신을 타고 이동해 그들을 제거하거나 상황을 반전시킴으로써 대학살을 미연에 막는 이야기입니다.

소설의 주인공 '조이'는 타임머신을 타고 1913년의 멕시코로 떠납니다. 주인공의 첫 목적지로 중국도, 소련도, 독일도, 그렇다고 캄보디아도 아닌 멕시코를 선택한 저자의 의도가 궁금해집니다. 멕시코에 어떠한 사건이 있었기에 루돌프는 소설의 첫 장에 멕시코를 넣었을까요? 멕시코의 독립 초기, 200만여 명이 목숨을 잃는 내전이 발생합니다. 주인공 조이는 마데로의 암살로부터 시작된 멕시코 내전을 역사에서 지우기 위해 마데로를 암살로부터 지키는 임무를 띠고 타임머신에 올랐지만 마데로의 암살도, 멕시코 내전도 막지 못했습니다. 누가 마데로를 암살했는지 빤히 알고 있었음에도 역사의 방향을 바꾸지 못한 것입니다. 역사에는 기록되지 않은 변수가 있어서겠죠. 조이의 노력에도 불구하고 마데로는 암살당했고, 역사의 기록대로 멕시코는 치열한 내전에 빠져들었습니다.

만약 루돌프가 2018년에 후속편을 쓴다면 조이를 1913년이 아닌 2014년의 멕시코로 보내지 않았을까요. 불의에 항거한 42명의 대학생을 경찰이 체포해 마피아에 넘겼고, 마피아에 의해 학생들이 무참히 살해되고 불태워진 사건이 2014년 멕시코 치와와 주에서 있었으니까요. 다시 멕시코로 향한 조이는 이제는 회유와 협박 대신 악당들을 죽이려 할 겁니다. 그럼 조이는 누구를 죽여야 할까요? 데모 진압을 지시한 치와와시 시장일까요? 42명의 대학생을 마피아에 넘겨준 경찰 지휘부일까요? 그도 아니면 무지막지한 치와와 주 마약카르텔의 우두머리일까요? 저는 '라틴아메리카가 미국과 같이 발전하지 못하는 이유가 무엇일까?'라는 질문을 여행 내내 했습니다. 미국은 종교박해를 피해 가족이나 공동체 단위로 이주한 희망의 땅이었던 반면 라틴아메리카는 정복하고 강탈하기 위해 탐욕으로 가득 찬 사람들이 건너온 땅이었습니다. 그 차이가 크겠죠. 그런데 그게 전부일까요?

멕시코판 삼국지, 멕시코 내전

멕시코에는 러시아 볼셰비키Bolsheviki 혁명보다 7년 앞선 사회주의 혁명이 있었습니다. 그러니 멕시코는 세계 최초의 사회주의 혁명을 겪은 나라인 것이죠. 혁명은 성공했고, 멕시코는 거대한 사회변화의 길목에 섰습니다. 그러나 멕시코는 조금도 변화하지 못했습니다. 멕시코의 혁명은 현 정권에 대한 부정일 뿐, 사회주의 정권 수립을 추구한 러시아 볼셰비키 혁명과는 차이가 있었습니다. 다시 말해 마데로의 혁명은 8번에 걸쳐 대통령에 재선되며 35년간 절대 권력을 행사한 디아스Diaz 독재정권에 반대한 혁명이었지 사회변화를 추구한 혁명이 아니었습니다. 하지만 혁명을 겪으며 민중은 개화되기 마련입니다. 사회개혁의 요구는 불같이 일어났습니다. 마데로의 혁명 당시 멕시코의 현실을 보면 민중의 요구가 얼마나 거세었을지 상상할 수 있습니다.

1910년의 멕시코는 토지의 97퍼센트가 대농장주 870명의 소유였으며, 국민의 대부분인 88.7퍼센트가 소작인이거나 상업 노동자였습니다. 온종일 일을 해도 먹거리를 해결하기 어려웠고 일을 할수록 빚만 늘어 어린 딸을 팔아야 하는 부모가 많았습니다. 이러한 상황에서 자신들이 지지했던 혁명이 성공했으니 농민들은 삶이 나아질 거라고 기대했을 것입니다. 하지만 마데로는 농지 개혁을 머뭇거렸고, 결국 변화를 거부하는 세력과 변화를 원하는 세력 간의 대립으로 갈등이 증폭되었습니다. 이때 왕정 복귀를 꿈꾸는 우에르따 장군이 마데로를 암살하고 정권을 잡게 됩니다. 마데로가 암살되며 그나마 갈등을 중재하던 조정자마저 사라진 것이죠. 그렇게 200만여 명이 희생된 멕시코 내전의 서막이 열렸습니다.

멕시코 내전은 왕정으로 돌아가려는 우에르따와 이에 반대하는 세력 간의 내전이었고 투쟁의 선봉에 세 명의 영웅이 활약했으니, 이를 멕시코판 삼국지라 할 만합니다. 세 명의 영웅은 서로 다른 지역과 서로 다른 지지층을 기반으로 활약했는데, 이를 지역별로 나누어 보면 북부에는 비적 출신으로 빈민의 우상이 된 판초비야Pancho Villa, 동부에는 도시 지식인과 자본가를 대표하는 카란사Carranza, 남부에는 농민 군대를 이끈 사파타Zapata가 있었습니다. 이들은 각 지역의 지지자들을 모아 우에르따 정부를 향해 맹렬히 일어났고, 결국 우에르따를 몰아냈으니 마치 삼국지의 유비, 손권, 조조 같습니다. 비적무리를 이끈 유비, 농민군을 이끈 손권, 도시의 중산층을 이끈 조조와 멕시코의 세 영웅이 크게 다르지 않고, 조조가 낙양의 주인이 되었듯 멕시코에서도 카란사가 천하통일을 하였으니 내용도 멕시코판 삼국지라 할 수 있습니다. 중국과 다른 것이 있다면 마데로를 위시하여 우에르따, 판초비야, 사파타, 심지어 카란사까지 혁명의 주역들이 모두 암살되었다는 사실입니다.

그만큼 멕시코의 내전은 치열했고 정치는 복잡했습니다. 그야말로 예측할 수 없는 정글이었습니다. 정글에서는 모두가 두렵죠. 원칙이 없어 예측할 수 없고 운 좋게 살아남아도 미래를 보장받을 수 없으니 말입니다. 이런 정글 게임을 멈추게 한 건 키예스 대통령이었습니다. 키예스 대통령은 1928년 '제도혁명당'을 조직하고 "이제 까스틸요는 종말을 고했다"라고 선언했는데, 이는 큰 의미가 있습니다. 까스틸요는 자신의 군대나 무력을 유지한 채 단합하여 정치적 영향을 끼쳤고, 때로는 쿠데타를 일으키거나 무력시위를 하며 정권을 위협함으로써 자신들의 이익을 지키는 집단이었습니다. 키예스 대통령은 '제도혁명당' 내에 군부의 자리를 마련하여 총이 아닌 말로써 자신의 주장을 관철할 수 있도록 제도를 마련해 주었으며, 이후 멕시코에서는 다른 라틴아메리카 국가들과 달리 군부 쿠데타가 단 한 번도 일어나지 않았다고 합니다. 정치적 갈등을 당내로 흡수하였기 때문입니다. 과거 멕시코는 소련, 중국과 같이 여러 정파를 하나로 묶어 만든 일당이 지배하는 나라였습니다. 무려 71년이나 지속된 일당 지배는 갈등을 제도 안으로 끌어들이고 문민의 군부통제를 가능하게 한 멋진 승부수였지만 멕시코는 여전히 개혁에 갈등을 느끼고 있습니다. 게다가 제가 찾아온 치와와 주에서는 42명의 대학생이 무참히 살해되었으니, 멕시코에서 개혁은 이루어진 것인지 되묻게 됩니다.

제도혁명당은 71년 동안 멕시코를 장기 집권한 진정한 독재집단이었습니다. 중앙뿐 아니라 지방 권력을 포함해 권력의 95퍼센트 이상을 장악한 상태에서 당 중앙 대회에서 선출된 지도자가 대통령이 되는 당내 차기 대통령지명권을 사용했는데, 이는 권력 사유화의 전형이지만 별 저항 없이 71년간 유지되었습니다. 마치 중국 공산당전당대회에서 7인의 중앙위원과 주석을 선출하지만 대회가 열리기 전에 계파 간 협의를 끝내는 것과 다르지 않습니다. 자기들끼리 권력과 이해를 나누어 가지는 방식이기 때문입니다. 멕시코의 혼란기에 일당독재는 필요악이었는지도 모릅니다. 그럴지라도 견제 없는 독점 권력은 국가의 앞길을 막는 걸림돌이 되었고, 부패한 만큼 멕시코의 미래는 점점 어두워져 갔습니다.

멕시코 사회가 제도혁명당의 일당지배를 우려하기 시작하면서 제도혁명당에도 변화의 바람이 불어왔습니다. 1994년, 집권당의 대통령 후보자가 된 에르네스토 세디요Ernesto Zedillo는 대통령 선거에 임하며 새로운 멕시코를 위해 차기 선거에는 대통령지명권을 포기하고 다수의 당이 참여하는 공정한 선거를 하겠다고 선언합니다. 세디요는 이를 실천에 옮겼고, 개표에서 야당이 앞서나가자 개표가 30퍼센트도 채 진행되지 않았음에도 공개 기자회견을 요청하여 제도혁명당의 패배를 인정하고 곧이어 야당 대통령 후보자를 찾아가 축하해주었다고 합니다. 그의 의도적인 행동은 전국을 장악한 제도혁명당의 조직적인 반격과 선거 조작 등 그 어떤 가능성도 미연에 막겠다는 의지였으며, 그의 용감한 행동으로 멕시코는 평화로운 정권 교체를 성취했다고 하니 피로 이룩한 민주주의 정치사에서 세디요의 결단은 위대하게만 보입니다. 그런데 현실은 어떤가요?

여전히 많은 사람들이 이유 없이 죽어가고, 땅이 없는 사람들은 멕시코시티로 모여들고 있습니다. 그렇게 세계에서 두 번째로 사람이 많은 빈민 도시가 만들어졌습니다. 세디요의 결단으로도 멕시코는 변화하지 못한 듯합니다. 정치인, 관료, 경찰 모두가 마피아이자 도둑이라는 안내자의 분노가 귓전을 떠나지 않습니다. 총과 피마저도 돈에 팔린다면 남은 건 없다고 봐야죠. 혁명에서 득을 본 사람들은 권력과 부를 얻었고, 자신들이 거부하던 모습으로 변했습니다. 자유를 얻은 미국과 영국의 흑인 노예들은 아프리카로 돌아와 아프리카 흑인을 지배하고 노예로 부리며 자신들이 당했던 방식 그대로 혹독하게 되돌려주었습니다. 그러면서 자신들을 아프리카 흑인이 아닌 아메리카 흑인, 혹은 브리티시 흑인이라고 불렀다지요. 그것이 인간의 본성일까요?

멕시코의 독립을 꿈꾼 영웅들

미국과의 국경지대에 위치한 치와와 주는 마약 범죄가 많은 지역입니다. 여행지로는 적합하지 않지만 세계 10대 계곡에 꼽히는 코퍼밸리Copper valley를 찾아가는 길에 우연히 거쳐가게 되었습니다. 치와와 주에 대해 전혀 모르고 찾아왔지만 이곳을 조금씩 알아가며 분노와 희망이 교차합니다. 42명의 대학생이 이유도 모르고 살해되어 쓰레기장에서 소각된 치가 떨리는 도시이자 빈민의 우상 판초비야가 활동한 터전이며, 이달고 신부가 멕시코 독립의 횃불을 당긴 저항 가득한 땅으로 역사적 사건이 가득합니다.

치와와 주의 첫 방문지로 서민의 우상 판초비야를 찾아갑니다. 16세에 농장을 탈출해 산적으로 생활했던 판초비야는 비적과 빈민으로 구성된 군대를 이끌고 북부를 해방시켰고, 이후 사파타의 농민 군대와 합심해 멕시코시티를 점령했습니다. 산적 출신의 판초비야와 농민 출신의 사파타는 멕시코시티를 점령하고 내전의 최종 승리자가 될 수 있었음에도 스스로 멕시코시티를 내어주고 철수했다고 합니다. 아마도 정글 같은 정치가 싫었거나 권력에 대한 의지가 약했던 것이겠죠. 판초비야와 사파타는 결국 카란사의 함정에 빠져 암살당하고 멕시코판 삼국지는 카란사의 승리로 끝이 났습니다. 이후 카란사도 암살당했으니, 멕시코는 영웅도 승리자도 안전하지 않은 진정한 정글이었나 봅니다.

판초비야는 멕시코뿐 아니라 미국에서도 유명한 인사입니다. 미국은 건국 이후 단 한 번도 적국의 군대가 미국 영토에 발을 들여놓도록 허용한 적이 없다고 합니다. 그 자부심을 깔아뭉개고 우에르따 정부군을 쫓아 미국 영내 깊숙이 들어갔던 판초비야의 배짱이 미국의 자존심을 상하게 했던 것일까요? 미국은 영화와 같은 매체를 통해 판초비야를 우스꽝스럽고 바보스런 뚱보로 묘사하여 조롱하고 있습니다. 그렇다고 판초비야의 명성이 훼손될 리는 없죠. 그는 치와와 주의 영웅입니다. 그는 학교를 지어 무상교육을 실시했으며 빈민에게 주택을 무료로 제공하는 등 서민의 삶을 윤택하게 하는 여러 정책을 시행했다고 합니다. 그러니 인기가 높을 수밖에요. 치와와 주를 지배한 테라스 가문은 290만 헥타르의 땅을 가진 부농으로 당대 라틴아메리카에서 가장 부유한 집안이었다고 합니다. 290

만 헥타르는 약 2만 9000평방킬로미터로, 우리나라의 경기도와 충청남도를 합한 크기에 제주도와 서울을 끼워 넣어도 맞출 수 없는 면적입니다. 이렇게 거대한 땅을 소유한 테라스 가문의 재산을 모두 몰수하고 빈민들에게 나누어준 판초비야야 말로 치와와 주의 영웅이었겠죠. 그는 20여 번의 결혼을 했다고 하는데, 아마도 여기저기를 떠돌아다니며 정의를 실천하는 그에게 딸을 주고 싶었던 아버지가 많았던 모양입니다.

판초비야 박물관을 나와 치와와 주 정부청사를 찾아갑니다. 주 정부청사 내부에는 멕시코 독립 투쟁의 불을 지핀 미구엘 이달고Miguel Hidalgoy Costilla 신부의 기념관이 있습니다. 그는 인디오와 운명을 함께한 목회자였으며, 이를 실천에 옮긴 행동가였습니다. 가톨릭 역사는 칼의 역사라고 합니다. 가톨릭 역사 전반을 보면 칼은 사랑 뒤에 숨어 있다가도 필요할 때 성스러운 모습으로 전면에 등장하는 데 주저하지 않았으며 그렇게 시대의 역할을 수행해왔습니다. 이달고 신부도 멕시코 독립을 위해 칼을 들었습니다. 가톨릭의 종주국인 스페인 입장에서 보면 신의 역사를 거부하는 반역사적 행위이지만 라틴아메리카 입장에서 보면 역사의 편에 선 성스러운 칼이었습니다. 그리고 신의 역사를 가장 잘 이해한 칼이기도 했고요. 가톨릭 교회가 정권과 결탁해 부를 축척하고 인디오를 외면했음에도 라틴아메리카가 열렬한 가톨릭의 땅으로 남게 된 것은 이달고 신부와 같은 목회자의 자기 헌신과 정의의 편에서 행동한 결과겠죠. 독립투쟁의 첫 깃발을 든 이달고 신부에 뒤이어 두 번째 투쟁의 깃발을 든 사람도 목회자인 모랄레스Manuel Morales 신부였습니다. 이들은 신의 대리인으로서 인디오의 편에 선 용감한 행동가였으며 양심에 따라 순교한 종교인이었습니다. 라틴아메리카가 최대의 가톨릭 인구를 가진 복음의 땅으로 남게 된 것은 로마 교황청도, 스페인 교구도 아닌 이달고 신부와 모랄레스 신부에게 내려진 신의 계시였다는 생각이 듭니다. 그들의 숭고한 희생 없이 시대의 요구를 외면한 가톨릭 교단만 있었다면 라틴아메리카의 민중은 가슴에서 가톨릭을 파내지 않았을까요. 아즈텍이 케찰코아틀을 파내고 잉카가 비라코차를 파냈듯이 말입니다. 라틴아메리카에서 가톨릭이 대중의 가슴에서 파내어졌다면 숭고한 전도 역사는 멈추고 말았을 테니 진정한 신의 충복이 누구인지 되묻게 됩니다.

고통을 머금은 땅, 멕시코는 혁명으로 얻은 결실을 모두 잃었습니다. 혁명으로 권력을 얻은 사람이 부를 얻으려 했기 때문입니다. 권력과 명예가 하나가 되고 부와 절제가 하나가 되어야지, 부와 권력을 패키지로 묶으면 사회는 한 발 옮기기가 쉽지 않습니다. 인류가 권력을 추구하는 이유는 부를 얻기 위해서였습니다. 가진 만큼 조심하는 게 아니라 가진 만큼 행사할 수 있는 사회는 동물 사회입니다. 그건 동물도 그렇게 할 수 있기 때문이죠. 이제 그만 인간 사회가 펼쳐졌으면 좋겠습니다.

멕시코의 세 영웅인 판초비야, 카란사, 사파타의 모습입니다.
서민의 꿈이자 멕시코의 영웅이었던 판초비야의 꿈은 아직 남아 있을까요?

아즈텍 탄생 신화에 나오는 생명의 나무를
본 떠서 지은 국립박물관의 지붕으로,
기둥 하나로 세워진 건물 중 가장 크다고 합니다.

열기구에서 테오티우아칸을 한눈에 내려다봅니다.
달의 피라미드와 태양의 피라미드가 과거의 영광을 지키고 있습니다.

열기구는 테오티우아칸의 새벽을 여행합니다.
지상 150미터의 높이에서 내려다보면 72미터 높이의 거대한 피라미드도
작은 동산 같이 보입니다.

사순절이 되자 과달루페 성당으로 사람들이 모여듭니다.
기적을 행한다는 과달루페 마리아를 찾아왔으니 순례자의 소원은 이루어지겠죠.

소칼로 광장의 대성당은 라틴아메리카에서 가장 크고 오래된 성당입니다.

라틴아메리카는 가장 신실한 가톨릭의 땅이 되었습니다.
초로의 부부는 긴 여행을 앞두고 신에게 간절히 기도를 올립니다.

ROUTE 6

자유를 향한 뜨거운 낭만,
쿠바

Hemingway

낭만의 도시, 아바나

누구를 위하여 종을 울리나

쿠바로 떠나는 저에게 지인이 메일을 한 통 보내왔습니다.

"현지 돈이 필요해서 가이드에게 300달러 환전을 부탁했더니, 은행은 이미 닫혔으니 지인에게서 바꿔 오겠다며 밖으로 나갔네. 그리곤 쿠바 화폐로 바꾸어 279CUC태환페소를 가져다주더군. 달러보다 강한 화폐라서 참 매력적이라고 생각했지. 그런데 알고 보니 내가 받은 돈이 호텔에 적혀 있는 환율에 비해 낮게 계산되어 기분이 좋지 않았다네. 호텔에서 환전했으면 285CUC 정도는 돼야 했거든. 나도 그렇지만 같이 여행길에 오른 친구는 몹시 불쾌해했네. 300달러는 큰돈이 아니라서 다음 날 밥을 먹고 콜레스테롤을 낮추는 데 좋다는 PPL을 10갑 사고 보니 주머니가 텅 비더군. 그래서 다시 300달러를 바꾸려는데 마침 은행 앞을 지나게 되어 은행에서 바꾸게 되었다네. 은행의 환율은 공시된 환율에서 수수료를 뗀 돈이라 어제 가이드가 환전해준 것과 같았네. 그래서 가이드를 잠시나마 의심한 걸 크게 자책했다네.

나중에 여행이 끝나고 안 사실인데 쿠바인과 외국인은 똑같이 쿠바 화폐를 쓰지만, 돈의 가치 차이가 24배가 넘는다고 하네. 그 친구는 내가 준 300달러를 정말로 6000달러 같이 사용한 것일까? 물론 정상적으로는 하나도 어긋난 게 없지만 그래도 왜 그리 억울하던지. 돌이켜보면 여행이란 게 다 그런 것 같네. 적당히 밑지고 적당히 체험하며 지나가는 과정이니까. 모든 걸 다 알고 있다면 내가 왜 쿠바에 갔겠어. 그래서 난 쿠바 여행이 좋았다네. 알지 못하는 새로운 일이 나에게 벌어졌으니까. 자네는 24배로 사용해보게. 실패해도 서운해하지는 말고. 쿠바가 자네에게 허용한 건 1/24이지. 24배가 아니니까."

여행을 떠나기 전, 지인으로부터 받은 메일을 읽고 어떻게 하면 밑지지 않는 여행이 될까 하는 고민에 빠졌습니다. 24배라는 말이 너무 무시무시해서요. 세상에 그런 숫자 놀음이 어디 있을까요. 하지만 사회주의가 자본주의로 전환되는 격변기에 지구촌 여러 나라에서 그런 일을 겪었습니다. 1991년에 제가 여행한 소련과 폴란드도 마찬가지였습니다. 이르크츠크의 앙카라 호텔의 숙박비를 루블로 결제하면 3달러 정도였지만 달러로 계산하면 83달러였으니까요. 폴란드 바르샤바에서는 인플레이션이 너무 심해서 택시 미터기에 "오늘은 몇 배를 곱하세요"라는 팻말이 걸려 있을 정도였습니다. 제가 탄 택시는 무려 50배를 곱하라고 쓰여 있었죠.

그날그날 반복되는 돈의 추락은 곧 삶의 추락이고 새로운 환경에 적응하지 못한 기성 세대의 몰락이었습니다. 쿠바는 그런 시련을 이제야 맞고 있나봅니다.

헤밍웨이가 묵었다는 암보스 문도스Ambos Mundos 호텔은 우리나라로 치면 명동에 위치한 명소입니다. 하지만 저녁 10시면 전기가 나가고 아침이 되어서도 들어오지 않습니다. 혹독한 전력 부족에 시달리는 것 같습니다. 호텔은 천장만 높았지 거미줄이 늘어져 있고 곰팡이가 한 자는 내려와 눅눅하고 을씨년스럽기까지 합니다. 헤밍웨이는 이 호텔 511호에서 대표작『누구를 위하여 종을 울리나』를 구상하여 초안을 쓰기 시작했다고 합니다. 호텔은 그가 묵었다는 511호를 박물관으로 꾸며 그를 찾는 사람들에게 향수를 불러일으키고 있습니다. 헤밍웨이가 묵었을 시절의 호텔은 이렇게 낡고 초라하지 않았겠죠. 세상이 모두 앞으로 나가는데 홀로 제자리에 멈춰 있거나 퇴보하는 삶은 고통스럽다고 봐야겠죠.

511호를 찾아 기념사진을 찍은 다음 5CUC를 내고 박물관을 둘러봅니다. 다시금 마술 같은 숫자 24가 생각납니다. 저도 24배로 돈을 뻥튀기해서 바꾸지 못했으니 지인의 편지는 거짓인 것 같습니다. 조금 더 쳐준다는 사람은 많이 만났지만 24배를 쳐준다는 사람은 만나지 못했으니까요. 박물관에는 헤밍웨이의 유작들이 전시되어 있습니다. 헤밍웨이의 가슴에 불을 지른『누구를 위하여 종은 울리나』는 스페인 내전을 배경으로 한 소설입니다. 스페인 내전은 1936년 선거 혁명으로 정권을 잡은 정부와 보수 세력 간의 국내 전쟁이었습니다.

역사적으로는 양심적인 지식인, 노동자, 무정부주의자, 사회주의자들이 중심이 된 시민군과 보수화된 가톨릭 교회, 대지주를 옹호하는 신군부의 내전으로 평가됩니다. 1936년, 스페인은 총선거에서 좌파 연합이 승리하며 합법적인 정부를 구성하게 됩니다. 하지만 프랑코를 앞세운 보수 세력은 이에 반대하며 쿠데타를 일으켜 좌파 정부를 전복시키려 했고, 이에 맞선 시민들이 총을 들고 쿠데타 군에 맞서며 스페인 내전이 시작되었습니다. 당시 프랑코는 쿠데타만 일으키면 군부가 동조할 줄 알았다고 합니다. 하지만 믿었던 동조 세력은 잠잠했고, 시민들이 정부를 지키겠다고 나서며 프랑코는 위기에 몰렸습니다. 다급해진 프랑코는 모로코에 있는 2만 7000여 명의 휘하 병력을 데려와 전세를 역전시키려 했으나, 해군이 프랑코군의 병력 수송을 거부함에 따라 쿠데타가 실패로 끝나갈 상황이었습니다.

위기의 순간, 프랑코는 급하게 히틀러와 무솔리니에게 손을 내밀었고 히틀러와 무솔리니가 프랑코를 지원하면서 국제전의 양상을 띠게 됩니다. 히틀러는 수송대를 보내 프랑코의 병력을 실어 날랐고 무솔리니는 5만 명의 지원 병력을 보내주었습니다. 반면 소련은 좌파 정부에 무기를 지원했기 때문에 내부적으로는 정부를 지지하는 시민군과 쿠데타 반군의 내전이었지만 외부적으로는 사회주의와 파시스트, 두 정치세력의 대결 양상으로 확대되었습니다. 파시스트와 민주주의, 사회주의와 자본주의의 대립이 아닌 파시스트와 사회주의의 대립은 우리에겐 생소한 조합입니다. 정치란 그런 거죠. 속이 어떻든 얼굴에 쓴 가면이 무슨 색인지에 따라 구분될 뿐이니까요. 스페인 내전은 서로 다른 가면을 쓴 연기자들이 유럽이란 무대에서 진실은 알지 못한 채 대립했던 전쟁이었습니다. 전쟁의 속성이 그렇지만 보조로 출연한 시민들만 무수히 죽어 나가고 주인공은 털끝 하나 다치지 않는 전쟁이 1936년 스페인에서 일어났던 것입니다.

한편 세계의 지성인들은 스페인 내전을 단순한 내전으로 보지 않고 양심 세력과 탐욕스런 파시스트의 싸움으로 받아들였습니다. 이들은 양심과 자유민주주의를 지키기 위해 스페인 내전에 시민군으로 참여하였는데, 이렇게 유럽 전역에서 모여든 젊은이들을 국제여단이라고 불렀습니다. 당시 5만여 명에 이르는 젊은이들이 국제여단의 이름으로 전투에 참여하며 유럽 전역을 뜨겁게 달구었다고 합니다.

헤밍웨이는 종군기자 신분으로 국제여단에 참여했고, 행동하는 지성으로 불린 앙드레 말로 역시 자신에게 총을 달라고 외치며 스페인으로 달려갔습니다. 피카소는 〈게르니카〉를 통해 붓으로 저항했으며, 첼리스트 파블로 카잘스는 유럽이 프랑코 정권을 받아들이자 다시는 유럽인을 위해 첼로 연주를 하지 않겠다며 침묵으로 프랑코 정권에 저항했다고 합니다.

하지면 역사가 보여주는 추악한 진실이 있죠. 양심은 무력 앞에 무기력하고 질서는 무력 앞에 순종하기 마련입니다. 전쟁은 프랑코의 승리로 끝났고, 세상의 질서는 양심이 아닌 힘이라는 현실에 유럽의 지성인들은 절망했습니다. 반면 승리에 고무된 히틀러와 무솔리니는 유럽을 상대로 도박판을 넓혀가다 급기야 제2차 세계대전까지 도박판을 키웠습니다. 소련도 밑지지 않는 장사를 했습니다. 라틴아메리카에서 가져와 스페인 금고에 쌓아두었던 금은 고스란히 무기를 구입하는 대가로 소련에 넘겨졌고, 소련으로 넘어간 금은 혁명 이후 취약해진 산업기반을 안정시키고 소련의 군수 산업과 중공업을 발전시킨 견인차가 되었다고 합니다. 제2차 세계대전에서 히틀러를 좌절시킨 소련의 생산력은 우랄산맥의 중공업단지인 콤비나이트라고 하는데, 그 기반이 스페인에서 건너간 금이었을 테니 스페인 내전이 서구 세계에 의미하는 바가 무엇인지 아리송하기만 합니다.

스페인 내전은 아쉬움이 많이 남는 전쟁이었습니다. 제1차 세계대전을 정리한 베르사유 조약이 제2차 세계대전의 빌미를 주었다고 하지만 스페인 내전은 제2차 세계대전을 막을 절호의 기회였기 때문입니다. 만약 영국과 프랑스가 스페인 내전에 참여하여 히틀러와 무솔리니를 눌러 놓았다면 유럽의 갈등이 세계대전이 아닌 다른 방식으로 해결되지 않았을까요. 제1차 세계대전이 끝나고 승전국은 베르사유에 모여 전쟁을 치르느라 미국에 진 빚을 모두 독일에게 떠넘겼습니다. 그 결과 독일 경제가 파탄 났고 그 여파로 유럽 경제도 덩달아 곤두박질쳤습니다. 독일 국민들의 불만이 최고조에 이르렀을 때 전쟁배상금의 무효화를 주장하며 히틀러가 등장하였고 경제 침체에서 벗어나지 못한 유럽은 전쟁을 감당할 준비가 되어 있지 않았기에 히틀러에게 소극적일 수밖에 없었습니다.

이때 독일 군부는 히틀러의 위험성을 감지하고 히틀러를 제거하기 위한 쿠데타를 준비하였으며 쿠데타 준비가 끝났을 무렵 영국과 프랑스에 전문을 띄워 의견을 구했다고 합니다. 하지만 영국과 프랑스는 히틀러가 제거되고 독일이 혼란에 빠지면 공산당이 정권을 잡을지 모른다는 우려 때문에 쿠데타에 반대했다고 합니다. 영국과 프랑스는 소련이 유럽에 진출하는 것만 걱정했지 히틀러의 위험성을 애써 외면했습니다. 양심과 민주주의의 파괴를 외면하면서 영국과 프랑스가 지키고자 한 것은 자본주의 질서였고, 그 결과 자본주의의 두 세력인 민주주의와 파시스트 간의 전쟁을 초래했으니 영국과 프랑스는 스페인 내전에 대한 자기 반성이 필요한 건 아닌지요.

헤밍웨이를 따라 낭만의 도시를 걷다

헤밍웨이 투어는 암보스 문도스 호텔에서 시작해 일정한 동선을 이어갑니다. 우선 그가 하루에 한 번은 지나쳤을 광장의 대성당으로 방향을 잡습니다. 대성당은 콜럼버스가 100년간 묻혀 있었던 유서 깊은 곳입니다. 그는 후손들에 의해 세비야 성당으로 옮겨가서 지금은 세비야에서 편히 영면하고 있지만 그것은 콜럼버스의 뜻이 아니었습니다. 콜럼버스는 죽어서도 자신을 버린 스페인 땅을 절대 밟지 않겠다고 했으니까요. 콜럼버스는 스페인 왕실과 산타페 협약새로 얻는 재산의 10퍼센트는 콜롬버스의 몫으로 한다는 협약을 맺었음에도 왕실이 외면했기 때문에 아무런 보상을 받지 못하고 말년을 곤궁하게 보내야만 했습니다. 콜럼버스는 자신의 몫을 달라고 스페인 왕실에 여러 번 청원했다고 합니다. 그때마다 "조금만 참으렴, 그럼 큰 돈이 들어올 거야"라고 말하며 가족을 달랬는지 모릅니다. 하지만 스페인 왕실은 돈이 되는 후추나 황금은커녕 담배와 신대륙 풍토병만 가져온 주제에 뭘 달라는 거냐며 콜럼버스를 질책했고 그의 항해를 돈만 들이고 얻은 게 없는 밑진 투자라고 반박했다고 합니다. 그러니 스페인 왕실이 콜럼버스에게 돈을 줄 리가 없습니다. 소송과 청원으로 말년을 궁핍하게 보냈던 콜럼버스는 쓸쓸한 죽음을 맞았습니다. 콜럼버스의 신대륙 발견에 대해 후세 학자들은 '예수의 탄생과 죽음을 제외한 인류 역사상 가장 위대한 사건'이라고 평가하고 있습니다. 콜럼버스가 이룩한 지리상의 발견은 유럽이 세상의 중심이 되는 첫 발걸음이었음에도 "천재는 당대에 빛을 못 보고 후대에 빛난다"는 명언처럼 그 역시 당대에는 곤궁한 삶을 살았습니다. 콜럼버스의 인생을 되짚으며 성당을 바라봅니다. 성당은 정면에서 보면 좌우 탑이 비대칭입니다. 왼쪽 종탑이 오른쪽 탑보다 작고 뒤로 한 치 들어가 있습니다. 비가 오면 광장에 물이 고이지 않고 흘러나가게 하려는 배려라고 하는데, 콜럼버스의 인생을 그대로 표현한 듯합니다. 그의 인생도 비대칭이었으니까요.

두 번째 방문지는 헤밍웨이가 매일 찾아갔다는 라 보데기따 델 메디오 La Bodeguita Del Medio라는 바입니다. 헤밍웨이는 럼에 민트를 넣고 막대기로 저어 먹는 모히토mojito를 즐겨 마셨는데, 특히 라 보데기따의 모히토를 좋아해서 매일 들렀다고 합니다. 호텔에서 멀지 않은 거리라서 찾아가봤지만 소문을 듣고 찾아온 관광객으로 이미 실내는 초만원입니다. 겨우 카운터에 턱을 괴고 앉아 그가 남긴 글귀를 카메라에 담습니다.

“나의 삶은 라 보데기따의 모히토와 엘 플로리디타의 다이키리에 존재한다.”

호텔로 돌아오니 아쉬움이 남습니다. 『노인과 바다』(어니스트 헤밍웨이, 민음사, 2012)의 소재가 된 코사마 마을의 라 테라짜라La Terraza라는 식당과 『누구를 위하여 종은 울리나』를 집필했다는 해안가의 집을 찾아가야 헤밍웨이 투어가 마무리된다는데, 시간이 허락하지 않습니다. 아쉽지만 밤거리를 거닐며 쿠바의 자유를 느끼는 것으로 쿠바의 첫날을 보낼 수밖에요.

Havana Morro Castle

혁명의 도시, 아바나

스페인의 요새, 아바나 성

아바나의 둘째 날, 해협 건너에 보이는 아바나 성을 향해 출발합니다. 콜럼버스는 긴 항해 끝에 첫발을 디딘 땅을 구세주라는 뜻의 산살바도르라고 불렀고, 두 번째 섬은 성모 마리아의 다른 이름인 과달루페Guadalupe, 세 번째 섬은 삼위일체를 뜻하는 트리니다드Trinidad라고 명명했습니다. 네 번째 섬에 닿아서는 성녀 우르슬라를 따라 순교한 1만 1000명의 동정녀를 가리키는 뜻에서 버진 아일랜드British Virgin Islands라고 이름 붙였습니다.

콜럼버스는 버진 아일랜드를 출항해 마지막 섬인 쿠바 해안에 닿습니다. 하지만 쿠바 해안은 동서로 길게 늘어져 있어서 여러 날 항해했음에도 해안선이 끝나지 않았고, 콜럼버스는 마침내 대륙에 닿았다고 생각했습니다. 콜럼버스는 총 네 번 아메리카 대륙으로 항해했고, 쿠바를 다시 찾기도 했지만 쿠바가 섬인 줄 모르고 죽었다고 합니다. 시대를 연 남자가 섬 하나를 못 알아봤으니 참 미스터리한 일입니다.

아바나 성은 성곽이 높고 단단하며 해안선을 따라 큰 규모로 지어져 있습니다. 천하무적의 함대를 지닌 스페인이 무엇이 무서워 성을 이리도 단단히 지었을까요? 아바나 성은 영국의 캐리비안 해적과 연관이 있습니다. 당시 영국 왕실이 키우던 캐리비안 해적은 라틴아메리카에서 금을 싣고 스페인으로 항해하는 상선을 나포하여 영국의 곳간을 채워주었고, 스페인과 영국이 맞붙은 해전에서 선봉부대로 활동하며 스페인 함대를 혼란에 빠뜨리고 승리에 결정적 역할을 한 특수부대로 활약했습니다. 캐리비안 해적의 두목 드레이크는 해적 신분임에도 영국 왕실로부터 귀족작위를 받았던 인물로, 동상을 세워 업적을 기릴 만큼 영국의 자랑으로 손꼽힙니다. 드레이크가 이끈 해적 집단은 카리브해를 휘젓고 다녀 스페인과 라틴아메리카를 오가는 상선에게는 큰 골칫거리였습니다. 스페인은 영국 해적으로부터 물건을 지키기 위해 아바나를 중계 항구로 개발하게 됩니다. 이후 스페인은 모든 화물을 아바나에 집결시킨 다음 무적함대의 호위를 받으며 일 년에 두 번 대서양을 건너 스페인으로 향하게 했습니다.

아바나에게는 영국 해적의 출몰이 새로운 기회가 된 것이죠. 아바나가 신대륙과 스페인의 연계항이자 물류 중심지가 되면서 라틴아메리카 각지에서 상인, 물건, 선박, 군인이 몰려들었고, 점차 번화한 도시로 성장했습니다. 물자가 모이고 도시의 부가 쌓이며 도시와 항구를 보호할 요새가 축조되었는데, 그것이 바로 지금의 아바나 성입니다. 아바나 성은 이탈리아 태생으로 스페인 왕실의 건축기술자인 후안 바우티스타 안토넬리Juan Bautista Antonelli가 건축했다고 합니다. 그는 카르타헤나뿐만 아니라 베라크루즈, 라플라타 등 당시 스페인의 주요 교역항에 군사 건축물을 지었습니다. 이탈리아의 기술로 건축된 아바나 요새는 해안을 따라가며 돌출 부위 없이 매끈하게 이어지는 이중 성곽으로 지어져 있습니다. 성은 높고 견고하며 외성과 내성 사이에 공간을 두어 외성이 함락되어도 내성을 쉽게 공략하지 못하게 축조되었고, 성곽을 따라 대포부터 기관포까지 다양한 포신이 바다를 향해 정렬되어 있습니다. 아바나 성에 올라 해협 건너로 펼쳐진 아바나 시내를 내려다보니 해협을 사이에 두고 마주했을 성곽의 잔해가 남아 있습니다. 물건을 탈취하러 해협에 들어왔다가는 양쪽 요새에서 쏘아대는 포탄에 살아나가기 어려웠을 듯합니다. 그런데도 영국의 함선은 해안을 따라 진입해서 아바나를 점령했습니다. 아바나의 많은 대포가 그리 정확하거나 효율적이지 않았다는 증거겠죠.

당시 대부분의 함선은 삼각돛을 여러 개 단 범선인 갈레온galleon이었습니다. 갈레온은 높은 돛의 중심을 잡기 위해 선체가 넓고 배의 높이가 높아 항해에는 안정적인 반면, 선체가 크고 무거워 속도가 느리고 회전 반경에 큰 약점이 있었습니다. 이에 영국의 해군성 위원인 존 호킨스는 영국의 함선을 개량하여 선체의 폭을 좁히고 길이를 길게 하여 속도를 높이는 형태로 변화시켰고, 갑판의 설치물을 모두 제거하는 혁신을 시도했습니다. 혁신적인 변화가 가능했던 영국과 변화하지 못한 스페인의 차이는 바로 생각의 차이였습니다. 스페인의 무적함대인 아르마다엔 250명의 수

병과 350명의 보병이 승선했고, 다량의 중포로 무장했습니다. 근접해서 적의 배에 올라 백병전을 벌이는 스페인의 전술 때문이었습니다. 반면 영국은 수병만 태우고 보병은 배에 태우지 않는 새로운 전술을 받아들여 배의 무게를 가볍게 했고, 수병의 숙소와 물자를 갑판 아래에 배치하여 무게중심을 낮춤으로써 속도를 높였고, 빠른 회전이 가능했다고 합니다. 기동성에서 우위를 점한 것이죠. 포신도 사정거리가 긴 컬리버 포를 장착하여 유럽 해전에서 처음으로 포격 전술을 구사했다고 합니다. 가까이 다가오면 배를 돌려 도망가고 다시 배를 신속히 돌려 포를 쏘는 영국의 포격전에 아르마다는 그저 끌려다니다가 지쳐 쓰러졌으니, 바야흐로 덩치의 시대가 가고 속도의 시대가 도래한 것입니다.

함선을 개량한 결과, 1762년에 영국은 아바나를 11개월가량 점령하게 됩니다. 견고한 성을 축조하고 거대한 함선으로 입구를 지켰어도 끝내 영국을 막지 못했던 것을 보면 스페인의 전략은 이미 한물간 것으로 봐야겠죠. 영국은 아바나에서 물러나는 조건으로 플로리다를 가져갔습니다. 스페인은 이후 미국과의 전쟁에서도 패해 쿠바와 푸에르토리코, 필리핀을 잃었고, 프랑스의 나폴레옹에게 점령당하며 라틴아메리카 전체가 독립하는 전환점을 맞이합니다. 스페인은 라틴아메리카 원주민에게만 떵떵거렸지 전쟁에서는 한 번도 이기지 못한 약골입니다. 그런 사실을 아즈텍이나 잉카가 알았더라면 그렇게 무기력하게 무너지지 않았겠죠.

예부터 아바나는 뱃사람들의 도시입니다. 뱃사람의 입장에서는 한 번 출항하면 6개월이 걸릴지, 1년이 걸릴지 알 수 없었고 어쩌면 돌아오지 못할 수도 있으니 돈을 쓰지 않을 이유가 없습니다. 그렇다 보니 배가 들어오고 나갈 때마다 아바나엔 돈이 넘쳐났습니다. 돈은 소비를 증대시키고 환락을 낳으니, 아바나는 한때 환락의 대명사였습니다. 환락의 시대, 아바나의 얼굴이었던 내셔널 호텔은 당시 놀이꾼들이 진탕 놀고 간 대표적인 호화 호텔입니다. 하루를 보내려고 호텔 입구에 들어서니 건물의 위세가 등등합니다. 로비는 화려한 궁전을 방불케 해서 50년대에 지어진 건물치고는 아주 화려합니다. 호텔 곳곳에서 과거 화려했던 시절의 면모를 상상하게 합니다. 건물 이곳저곳을 둘러보니 유명 인사들의 사진이 여럿 걸려 있습니다. 1950~60년대에 유명세를 날렸던 놀이꾼뿐만 아니라 유명 연예인, 시진핑, 후진타오, 반기문 등 세계적인 지도자들의 사진도 빠지지 않고 걸려 있습니다. 사진작가 살가두Sebastiao Salgado는 "사진은 해석이나 번역이 필요 없는 강력한 언어이며 이것이 사진의 힘이다"라고 말합니다. 내셔널 호텔에 걸린 사진은 무엇을 말하고 있나요? 쿠바를 방문한 귀빈 모두가 이 호텔의 손님이었고, 오늘 이 호텔에 묵는 당신이 세계의 리더라는 메시지를 전하고 있지는 않나요? 아니라면 그 당시의 놀이꾼들과 다름 없으니 그만 집으로 돌아가라는 건 아닌지요.

늦은 저녁, 호텔에서 나와 캐딜락 택시를 타고 해안가를 달렸습니다. 뚜껑이 열리는 캐딜락 택시는 할로겐등으로 치장하고 손님을 맞습니다. 록펠러 같은 석유재벌이나 마릴린먼로 같은 유명 배우가 탔을지도 모를 캐딜락은 1930년대에 만들어진 차임에도 불편하지 않습니다. 혁명 전 쿠바엔 총 40대의 캐딜락이 있었는데, 3대 중 2대가 바티스타 부인의 소유라는 말이 있습니다. 그러니 쿠바는 미국과 바티스타 가문의 공동 소유라는 자조 섞인 말이 있었겠죠. 확률로 보면 제가 탄 차도 혁명 전 가장 부패했던 정권의 안주인이 소유했던 차일 듯합니다. 확률을 높이기 위해 돌아오는 차량은 뚜껑이 있는 차로 잡아탔습니다. 바티스타는 중사의 신분으로 쿠데타를 일으키고 쿠바를 통째로 팔아먹은 남자였습니다. 그의 부인이 30대가 넘는 캐딜락을 소유했던 반면 쿠바의 가장들은 대부분이 실업자였다고 합니다. 그나마 얻은 일자리도 애니켄사탕수수 농장의 일꾼뿐이었으니 12명으로 시작한 카스트로의 혁명이 어떻게 성공할 수 있었는지 그 안에 해결 코드가 숨겨져 있습니다.

럼과 시가, 혁명의 도시

아바나의 세 번째 날에는 럼공장과 시가공장, 혁명광장을 돌아봅니다. 럼은 하마군도에 정착한 영국 사람들이 사탕수수를 증류하여 술을 만든 것에서 유래했다고 합니다. 럼의 원료가 사탕수수이다 보니 럼은 현재에도 카리브 연안에서 가장 많이 생산되고 있습니다. 쿠바를 대표하는 아바나 클럽은 럼의 대명사입니다. 아바나 클럽에 방문하면 럼의 역사와 생산과정을 보여주는 투어에 참가할 수 있는데, 생산과정을 둘러보고 나면 고급 럼을 한 잔 마시고 술을 구입할 수 있는 시간이 주어집니다. 럼의 원액은 흰색인데, 대부분의 고급 럼은 오크통에서 숙성을 하여 붉은색을 띠고 있습니다. 제가 마신 모히토는 대부분 흰 럼으로 만들었으니 비교적 질이 낮은 술로 만든 것이죠. 다음엔 붉은 럼으로 모히토를 만들어달라고 해야겠습니다. 럼에는 쿠바의 사랑과 열정이 묻어 있다고 합니다. 럼에 콜라를 섞으면 쿠바의 자유를 뜻하는 쿠바 리브레가 되고 레몬과 민트를 넣으면 모히토가 됩니다. 리브레에는 열정이, 모히토에는 사랑이 담겨 있다고 하니 오늘부터는 모히토 대신 쿠바 리브레를 마셔야겠습니다. 혁명 전사들이 외로움을 달래며 콜라와 럼을 배합하여 마셨다는 술의 사연이 왠지 배고픈 서민의 얼굴 같습니다.

럼공장을 나와 시가공장을 찾아갑니다. 콜럼버스는 쿠바에서 담뱃잎을 유럽으로 가져와 처음 소개한 인물입니다. 유럽인들은 목구멍에서 솔솔 피어나는 연기가 신기했지만 몹쓸 짓이라고 여겨 17세기까지 담배를 배척했다고 합니다. 하지만 담배공장이 들어서고 담배가 귀족들의 품격을 대변하는 필수품으로 자리 잡으며 유럽에서 큰 시장이 형성되기 시작합니다. 시장이 커지자 스페인 왕실은 담배를 전매품으로 묶어 생산과 판매를 독점했고 쿠바에 담배 원료를 생산하는 대단위 농장을 조성했습니다. 아바나 근교에서 재배한 시가를 '엘 아바노El Habano'라고 불렀는데, 엘 아바노는 담배의 상징이자 사치의 상징으로 통했으니 비단, 후추, 차에 이어 담배가 유럽의 소비를 이끌어가는 시대가 된 것입니다.

스페인 왕실은 쿠바에서 생산되는 담뱃잎을 독점하여 큰 수익을 얻은 반면, 담배 수입으로 경제적 손실이 눈덩이처럼 불어난 영국은 해결책을 찾아야 했습니다. 고심하던 영국은 아바나를 공격하여 스페인을 몰아내고 11개월간 아바나를 점령하게 됩니다. 힘이 질서인 시대의 해결책이었겠죠. 아편전쟁을 일으킨 이유와 같은 맥락으로 강한 함선을 앞세워 목적을 이룬 양상까지 똑같습니다. 영국은 쿠바에서 물러나며 스페인 왕실에게 담배에 대한 독점을 포기하겠다는 약조를 받았고 거마비로 플로리다를 가져갔습니다. 규제가 풀린 담배는 만인의 연인이 되었고 영국, 미국, 독일에 담배공장이 들어서며 세계의 기호품으로 성장해 오늘날에 이르고 있습니다.

윈스턴 처칠은 애연가로 유명합니다. 그는 "나는 쿠바를 물고 있다"라고 할 만큼 쿠바산 시가를 즐겼으며 회의 중에도 시가를 입에서 떼지 않은 것으로 유명합니다. 시가의 품격을 더하는 시가 띠는 러시아의 예카테리나 여왕을 위해 만들어졌다고 합니다. 여왕은 담배를 너무 좋아했지만 손에 담뱃진이 묻는 걸 불편해했습니다. 이를 본 신하가 담뱃진이 묻지 않게 시가에 띠를 두른 것이 시가 띠의 시작이라고 합니다. 피델 카스트로 역시 시가 애호가라고 합니다. 그는 코이바 시가만 피운다고 알려져 있는데, 코이바 시가를 집어보니 투박하지 않게 잘 다듬어져 있고 굵기도 적당하여 가볍게 피우기에 좋은 모양새입니다.

시가와 럼이 가져다 준 시대의 낭만은 무엇일까요. 체 게바라는 회고록에서 "담배는 고독한 혁명의 길에 가장 훌륭한 동반자"라는 말을 남겼습니다. 그의 고독과 열정을 달래준 시가, 그리고 한 잔의 쿠바 리브레. 평소에는 담배를 피우지 않지만 오늘은 고독한 한 남자의 심장을 느껴보기 위해서 한 잔의 럼을 마시고 한 대의 시가를 피워봐야겠습니다.

아바나 시내로 돌아와 해 질 녘의 혁명광장을 돌아봅니다. 혁명광장엔 국회와 대통령궁이 있고 139미터 높이의 호세 마르티네스Jose Martinez 탑이 있습니다. 피델 카스트로는 탑 앞의 단상에서 매년 대중을 향해 연설을 했습니다. 호세 마르티네스는 백성들이 잠자고 있을 때 쿠바의 독립을 이야기하며 쿠바의 정신을 일깨운 작가이자 선각자입니다. 라틴아메리카의 모든 나라가 독립하였으나 쿠바만은 아직 독립을 얻지 못했던 시절, 마르티네스는 이를 몹시 개탄스러워했다고 합니다. 마르티네스는 쿠바의 독립을 위해 온몸으로 뛰었지만 쿠바는 스스로 독립을 얻지 못하고 미국이 해방을 선물했습니다. 미국이 전쟁을 불사하면서 쿠바를 독립시킨 데는 이유가 있었겠죠. 대가 없는 행동은 없으니까요.

그 결과, 쿠바는 독립을 얻었지만 미국의 변방 정권 같은 위치가 되었습니다. 이를 거부하고 다시 혁명의 기치를 내건 것이 바로 카스트로와 체 게바라였습니다. 호세 마르티네스 탑 맞은편으로 '승리를 향한 영원한 전진'이란 문구가 걸린 내무부 건물이 눈에 들어옵니다. 체 게바라가 콩고로 혁명투쟁을 떠나며 혁명평의회에 보낸 편지의 마지막 문장이라고 합니다. 체 게바라는 영원한 혁명을 꿈꾼 어린 왕자입니다. 꿈을 좇는 어린 왕자의 끝없는 전진을 멈추게 한 건 결국 죽음이었습니다. 체 게바라는 죽는 순간에야 전진을 멈추었습니다. 한 장의 편지를 남기고 말이죠.

노래와 춤과 사랑과 혁명이 있었던 땅, 아바나. 3일로는 충분하지도 부족하지도 않은 시간이었습니다.

Vinales

올가닉 농업현장, 비날레스

가톨릭 교회가 남긴 상처

"쿠바의 족장 아뚜에이Hatuey는 화형을 당했습니다. 사형장에 선 아뚜에이에게 사제는 하나님의 말을 믿으면 영광과 영원한 휴식이 있는 하늘나라로 가지만, 그렇지 않으면 지옥에 간다고 말합니다. 아뚜에이는 조금 생각한 뒤 가톨릭 교인들도 하늘나라에 가느냐고 진지하게 물었습니다. 사제는 그렇다는 대답과 함께 선한 사람들만 하늘나라에 간다고 덧붙입니다. 그러자 아뚜에이는 더 이상 생각할 것도 없이 그곳에 가길 원치 않는다고 대답합니다. 가톨릭 교인들이 있는 곳에 가고 싶지 않고, 잔인한 사람들을 보고 싶지 않으므로 자신은 지옥에 가겠다고 말입니다."

바로돌로메 데 라스 까사스Bartolome De Las Casas 수도사가 1542년에 발간한 『인디아스 파괴에 관한 간략 보고서』(북스페인, 2007)의 일부로, 가톨릭의 이름으로 행해진 잔악함을 설명하고 있습니다. 아뚜에이가 차라리 지옥에 가겠다며 끝까지 개종을 거부한 대목은 가톨릭이 아메리카에서 잘못 뿌리내렸음을 상징적으로 보여줍니다. 까사스 수도사는 인디오의 편에서 정복자들이 그들에게 행했던 잔인함과 난폭함을 고발한 목회자 중 한 사람입니다. 그가 집필한 『인디아스 파괴에 관한 간략 보고서』가 유럽에 발간되자 이를 접한 양식 있는 사람들의 비난이 유럽 전역에 일어났고, 이로 인해 가톨릭 교회와 스페인 왕실은 정치적 공격을 받게 됩니다.

카를로스 1세는 이 문제를 해결하기 위해 1550년 바야돌리드 궁정에서 종교토론회를 열었습니다. 이 궁정 토론회에서 라스 카사스 수도사와 스콜라 철학자인 세풀베다는 자기주장을 설파하며 논쟁을 벌였는데, 세풀베다는 "원주민은 인간의 형상을 하고 있을 뿐, 문화인이 아닌 야만인이기 때문에 군사적 정복만이 이들을 가톨릭으로 교화하고 선진 유럽 문명에 복속시킬 수 있다"라는 주장을 폈고, 카사스 수도사는 "원주민도 스페인 왕실의 신민이므로 스페인 왕실은 이들을 보호할 의무가 있으며, 원주민의 토지 소유권 역시 존중되어야 한다"라는 반대 논리로 맞섰습니다. 특히 카사스 수도사는 엔코미엔다에 의한 인디오 지배가 식민지 통치에 악영향을 끼쳤고, 그로 인해 왕실의 권위가 실추되었으므로 엔코미엔다에 의한 인디오 지배를 왕실 지배로 바꾸어야 한다고 왕실을 설득했는데, 이러한 주장이 스페인 왕실의 이해와 부합되었는지 스페인 왕실은 카사스의 주장을 받아들여 인디오를 위한 신헌법Leyes Nuevas을 공표했습니다. 스페인 왕실은 신헌법에 "식민지 인디오는 스페인 국왕의 신민으로 보호

받아야 한다"라고 명시함으로써 인디오의 노예화를 금지했고, 엔코미엔다의 세습도 법으로 금지하였습니다. 이는 정복의 시대에 원정대에게 주었던 권리를 거두어들임으로써 식민지 재산을 왕실에 귀속시키려는 의도였습니다. 어떤 이유에서든 신헌법이 발표된 1542년 11월 20일은 기념할 만한 날입니다. 인디오가 사적 노예의 신분에서 자유인이 되면서 이를 대신해 아프리카 흑인이 라틴아메리카로 향하게 된 흑인 노예의 역사가 시작된 계기이기 때문입니다. 라스 카사스 같은 인물이 라틴아메리카에는 있었지만 아프리카엔 없었으니 아프리카의 불행이라고 할밖에요.

가톨릭의 이름으로 행해진 잔악한 파괴 행위는 지구촌 곳곳에 있었지만, 그중에서도 라틴아메리카에서 행해진 일들이 가장 파괴적이고 폭력적이었습니다. 유독 라틴아메리카에서 가톨릭의 파괴 행위가 심하게 나타난 이유는 뭘까요? 문명 단계가 낮아 쉽게 교화시킬 수 있다는 오만과 깨끗이 지워야 순결한 가톨릭의 땅으로 변화시킬 수 있다는 종교적 신념 때문이 아니었을까요? 신념이 강할수록 정복자들의 파괴는 난폭하고 잔인했으며 이는 원주민에게 큰 고통으로 돌아왔습니다.

콜럼버스가 쿠바에 도착했을 때 쿠바엔 세 부족이 살고 있었습니다. 동굴에 살며 사냥과 수렵을 일삼았다는 용맹스런 시보네예족, 알려진 것이 없는 과나후아타베예족, 카리브 해안에 거주하며 가장 발달한 문명을 가진 타이노족이 있었고, 이들 세 부족의 인구를 합하면 약 11만 명 정도였다고 전해집니다. 그런데 콜럼버스가 쿠바에 도착한 시점으로부터 31년이 지난 1560년, 쿠바의 원주민은 전멸한 것으로 기록되어 있습니다.

스페인은 이를 두고 “더 이상 원주민 인디오를 찾을 수 없다”라는 기록을 남겼습니다. 스페인이 남긴 기록이니만큼 정확하다고 봐야겠죠. 그럼 11만 명이나 되는 사람은 어찌된 것인가요? 31년도 안 되는 짧은 시간에 모두 죽었거나 사라졌다면 의도적인 인간 사냥이 있었다고밖에 상상할 수 없습니다. 그 과정이 잔인하고 무자비했음은 물론이고요. 아뚜에이 추장은 구원보다 가톨릭 신자와 대면하는 것을 더 두려워했습니다. 아뚜에이 추장이 형장에서 남긴 말은 감상적인 주장이 아닙니다. 그건 수치로도 증명된 사실이기 때문입니다. 쿠바뿐 아니라 카리브해의 모든 섬은 그렇게 인종 청소를 거치고 나서야 다시 새로운 삶을 시작할 수 있었습니다. 이를 그저 정복 초기에 벌어진 해프닝으로 봐야 하나요. 혹 탐욕의 결과는 아니었는지요.

쿠바의 사회주의 혁명

아뚜에이 추장이 살았던 장소일지 모를 비날레스 계곡으로 하루 여행을 떠납니다. 비날레스 계곡의 동굴에서 과나후아타베예족의 유물이 발견된 것으로 보아, 이곳은 스페인을 피해 원주민 인디오가 숨어든 비밀스러운 장소였을 것으로 추정됩니다. 비날레스 계곡은 아바나에서 2시간 떨어진 외곽의 카르스트 석회동굴지대입니다. 쥐라기 때 생겨난 ‘모고테Mogote’라는 원뿔형의 석회암 언덕이 계곡 안에 모여 있고 석회암산 아래로 석회동굴이 여럿 만들어져 있어서 인디오 원주민뿐 아니라 노예로 끌려온 흑인들이 농장을 탈출해 이곳에 숨어 살았다고 합니다.

스페인은 쿠바 원주민을 멸절시키고 아프리카에서 흑인을 노예로 들여왔습니다. 그 결과 현재에도 흑인이 12퍼센트, 뮬라토가 22퍼센트를 차지하고 있으며 인디오가 모두 사라진 탓에 인디오와 흑인의 혼혈인 삼보, 인디오와 백인의 혼혈인 메스티조는 찾아보기 어렵습니다. 이러한 이유로 쿠바는 전체 인구의 60퍼센트가 백인인 백인 국가에 가깝습니다. 다시 말해 노예와 주인만 있는 나라가 쿠바의 시작인 것입니다. 카리브해의 많은 섬들은 쿠바에 비해 흑인 비율이 월등히 높습니다. 아이티는 인구의 약 98퍼센트가 흑인으로 세계에서 가장 흑인 비율이 높은 나라입니다. 유난히 쿠바에 백인이 많은 데는 쿠바가 농장으로 개발되지 않고 스페인과 아메리카를 잇는 연계항이자 무역항의 역할을 했던 역사에 이유가 있습니다. 행운의 땅에서 한 주머니 차려는 백인들이 몰려들었을 테고, 그런 탐욕스런 사람들이 쿠바를 만들어갔으니 31년 만에 인디오가 사라진 멸절의 섬이 된 것이 아닐까요.

아바나 시내에는 흑인은 물론 뮬라토도 잘 보이지 않지만 시골로 내려가면 흑인과 뮬라토가 많이 거주한다고 합니다. 농장을 중심으로 흑인 노예가 살고 항구를 중심으로 백인이 살았던 과거의 공간적 구분이 여전히 남아 있는 것 같습니다. 그런데 쿠바의 독립은 항구의 백인들에게도 혹독한 곤궁을 가져온 듯합니다. 쿠바가 독립하며 스페인을 대신한 미국은 수요가 급증한 사탕수수 농장으로 쿠바를 활용했습니다. 쿠바는 전 세계 사탕수수 생산의 50퍼센트를 책임졌고 대부분을 미국으로 수출했지만 혜택은 몇몇 정치인과 사업가들에게만 돌아갔고, 쿠바의 백인들은 극도로 곤궁해지기 시작했습니다.

그 결과 피델 카스트로가 중심이 된 사회주의 혁명이 일어났고 쿠바는 사회주의 국가가 되었습니다. 당시는 냉전 체제 속에서 자본주의와 사회주의가 체제 경쟁을 하던 시기였기에 쿠바는 미국의 심한 견제를 받았습니다. 하지만 쿠바는 독립 후는 물론이고 혁명이 성공한 뒤에도 미국과 등지지 않으려 애썼다고 합니다. 쿠바 혁명정부가 미국과의 관계에서 얼마나 조심했는지 보여주는 사건이 있습니다. 쿠바 혁명정부는 미국정부가 혁명에 반대하는 사람들의 국외 탈출을 막아서는 안 된다고 요구하자, 미국 마이애미에 있는 쿠바 망명정부에게 쿠바에 거주하는 친척들을 데려가도록 허용했다고 합니다. 어찌 보면 대단한 결단입니다. 인천상륙작전이 성공하며 지리산에 갇히게 된 북한군을 향해 원하면 기한 내에 북으로 돌아가도 좋다고 선언하는 것과 같기 때문입니다. 역으로 북한에 머무르는 반체제 인사들에게 원하면 기한 내에 남한으로 가도 좋다고 말하는 것과 같은 선언이죠. 우리가 하지 못한 통 큰 양보를 카스트로는 멋지게 해냈고, 결과는 훨씬 유익했습니다. 카스트로의 결단으로 혁명정부에 동참하지 않는 사람들은 모두 쿠바를 떠났고 쿠바를 떠난 수가 같은 해 9월까지 무려 12만 5000명에 이르렀다고 합니다. 미국은 자유를 찾아 쿠바를 떠나는 사람을 막지 말라고 비난했지만 정작 국경을 막은 건 쿠바가 아니었습니다. 망명자를 감당할 수 없었던 미국은 쿠바 혁명정부를 깡패정권으로 몰아붙이면서도 은밀하게 쿠바인의 망명을 막아달라고 부탁했고, 쿠바가 미국의 요청을 받아들이고서야 쿠바인의 탈출이 일단락되었기 때문입니다. 쿠바 혁명에 반대하는 사람들이 쿠바를 떠난 게 잘된 일이었을까요? 아니면 우려할 일이었을까요? 역사에서도 평화롭게 반대파를 놓아준 사례가 없으니 판단하기 어렵지만 쿠바에서만은 축복이었습니다.

쿠바 혁명 3년 뒤 미국은 1500명의 쿠바 난민을 훈련시켜 피그만에 상륙시켰습니다. 혁명정부를 전복하려는 의도였죠. 당시 미국은 반정부군이 쿠바에 상륙하면 혁명정부에 반대하는 사람들이 내부에서 들고 일어나 쉽게 혁명정부가 전복되리라 생각했다고 합니다. 하지만 반정부군은 쿠바에 상륙한 지 이틀 만에 전원 진압되고 말았습니다. 쿠바군의 무기가 월등했던 것일까요? 당시 반정부군을 진압한 쿠바군의 무기는 미국과는 비교도 안 될 만큼 열악했습니다. 그렇다면 1500명으로는 불가능한 일이었을까요? 카스트로는 12명의 게릴라로 시작해 바티스타의 군대를 쫓아냈으니 1500명이면 충분하고도 넘치는 수입니다. 그럼 3년이나 치밀하게 준비한 침공이 왜 이틀 만에 끝나버렸을까요? 3년 전, 혁명정부에 반대하는 사람들이 모두 쿠바를 떠나버려 쿠바엔 혁명정부에 반대하는 사람이 없었기 때문입니다. 12명으로 시작해 쿠바를 접수한 카스트로에 비하면 미국의 성과는 초라하기 그지없습니다. 이는 역사의 편에 서느냐, 반대편에 서느냐 하는 어려운 질문을 필요로 하지도 않습니다. 내부를 통합했느냐, 통합하지 못했느냐 하는 문제였기 때문입니다.

미국과 쿠바는 피그만 사건 이후 급격히 멀어졌습니다. 쿠바는 미국과 한 발 멀어질수록 소련으로 한 발 더 다가갔고, 미국은 쿠바를 더 경계하는 눈으로 바라보게 되면서 두 나라의 관계는 돌이킬 수 없게 되었습니다. 이러한 상황에서 미사일 사태가 발생합니다. 미사일 사태는 미국이 소련의 텃밭인 터키에 미사일 기지를 만들자 이에 대응해 소련의 흐루쇼프Nikita Khrushchyov가 쿠바에 미사일기지를 만들려고 했고, 미국이 이를 봉쇄하며 제3차 세계대전으로 치달았던 사건입니다. 미사일 사태는 소련이 뱃머리를 돌리며 종결되었고 쿠바는 미국으로부터 불가침 조약을 받아내는 성과를 얻었으니 미사일 게임에서 가장 덕을 본 건 미국도 소련도 아닌 쿠바였습니다. 북한이 그렇게 미국을 상대로 얻으려 한 불가침 조약을 쿠바는 소련을 끌어들여 손쉽게 얻었으니 말입니다.

미국의 의도대로 미사일 사태는 해결되었지만 약이 오를 대로 오른 미국은 쿠바를 고립시키는 경제봉쇄에 들어갔습니다. 한편 미국은 라틴아메리카를 새로운 시각으로 바라봐야 한다는 시대적 변화를 받아들이게 됩니다. 제3세계가 성장하며 강대국이 일방적으로 행동할 수 없었기 때문입니다. 라틴아메리카 내 좌파 물결을 잠재우려던 미국은 '발전동맹'이라는 새로운 정책을 추진합니다. 발전동맹은 세계대전 후 유럽 재건을 목표로 했던 마셜플랜Marshall Plan을 라틴아메리카에 적용한 정책으로, 라틴아메리카의 발전과 근대화를 도와 사회주의의 확산을 막겠다는 새로운 패러다임이었습니다. 하지만 미국은 발전동맹에서 쿠바를 제외시켰고, 이를 쿠바 제제 수단으로 활용하면서 쿠바는 라틴아메리카 어느 나라와도 교류하지 못하는 경제고립에 처하게 됩니다. 든든한 후원자였던 소련 덕에 냉전시대를 평안하게 보냈지만 냉전의 종말과 함께 쿠바는 심각한 어려움에 빠져들게 됩니다. 소련 연방이 해체되면서 소련과 쿠바의 교류가 끊어졌고, 쿠바는 모든 것을 자체적으로 해결해야 했습니다. 쿠바는 이때부터 일국 산업체제로 전환을 시도합니다. 하지만 농업국가인 쿠바가 공산품을 자급자족하기란 쉽지 않았을 것입니다.

유기농업과 독특한 의료 기술을 개발하다

비날레스 계곡은 쿠바의 고민을 보여주는 단면입니다. 계곡을 나오면 유기농업체험이 시작됩니다. 유기농업organic farming은 최근 세계적 관심을 일으키고 있지만 시작은 곤궁으로부터 비롯되었습니다. 화학 비료 시장을 장악한 미국이 비료 수출을 금지하자 비료를 얻을 수 없었던 쿠바는 유기농 비료를 이용한 농업에 관심을 기울일 수밖에 없었습니다. 그렇게 성장한 쿠바의 유기농업이 화학 비료에 의존한 대량 생산 농업의 대안으로 주목받아 지금은 전 세계에서 시도하고 있으니 역설적이게도 미국의 경제봉쇄가 가져다준 첫 번째 선물이 되어 쿠바를 빛내고 있습니다.

의료 분야에서도 쿠바는 독특합니다. 제약회사 역시 미국과 유럽이 장악하고 있어서 쿠바는 의료품을 얻는 데 큰 제약을 겪었습니다. 그래서 국민건강에 꼭 필요한 기초 예방접종에 의학 역량을 집중시켰고, 그 결과 지금은 의외의 평가를 받고 있다고 합니다. 다국적 제약회사들이 화학적으로 백신을 대량 생산할 때 쿠바는 친환경적이고 친생체적인 자연백신을 만들어내는 것에 치중했습니다. 그렇게 만든 백신은 장기 사용으로 인한 후유증이나 내성이 없고, 몸을 해치지 않는 백신으로 평가받아 고가에 팔려 나간다고 합니다. 이 역시 의도하지 않았지만 미국이 준 두 번째 선물이 아닌지요. 미국은 쿠바를 괴롭히려 했지만, 결과적으로 쿠바에 도움을 준 모양새가 되었으니 이제는 손을 맞잡는 게 더 나아 보입니다. 이런저런 쿠바의 자랑을 들으며 농가에 방문하니 텃밭에서 키운 유기농 야채가 한 상 가득 차려져 있습니다. 다과 시간이 끝나고 5시간 동안 훈제했다는 통돼지가 넓은 바나나 잎에 싸여 나옵니다.

쿠바에서의 나흘째, 쿠바는 거짓이 없고 솔직하다는 인상을 받았습니다. 쿠바의 관광 업계 전반을 쿠바의 정부가 관리하고 있기 때문에 여행경비는 흥정이 되지 않는다고 합니다. 비슷한 나라로 부탄이 있습니다. 부탄의 경우, 여행사와 여행 일정을 이야기하고 관광국에 여행비용을 입금하면 여행사가 관광국에서 필요한 돈을 받아 여행을 진행하게 되는데, 여행 내용이 무엇이든 하루 250달러로 정해져 있습니다. 쿠바도 비슷한 시스템이니 거짓이 없을 수밖에요. 특별한 요구사항이 없어도 식사 하나하나가 일정한 수준을 유지하여 풍요롭습니다. 따뜻한 물이 끊겨 찬물을 써야 하고, 밤 시간엔 전기가 나가 아침까지 들어오지 않았던 암보스 문도스 호텔에 비추어 보면 쿠바에서 맞이하는 식사나 차량은 정말 수준이 높습니다. 그래서 쿠바에서 보내는 하루하루가 즐겁습니다.

미국의 경제봉쇄로 의료품을 얻는 데 큰 제약을 겪었던 쿠바는
독자적인 의료 산업을 키워갔습니다.
쿠바 약국에서는 화학적인 약품이 아닌 천연 약품을 판매하고 있습니다.

Santa Clara

체 게바라를 기억하는 도시, 산타클라라

체 게바라가 남긴 숭고한 혁명의 열기

"나는 끝나지 않은 노래를 부르며 슬픔을 무덤까지 가져가리."

한 청년이 터키의 혁명 시인 나짐 히크메트Nazim Hikmet의 시구를 인용하여 끝맺은 편지를 우체통에 넣으며 결의를 다집니다. 청년의 이름은 에르네스토로, 혁명에 뛰어들며 게바라로 개명했고 주변 사람들이 친근하게 '체'를 붙여 부르기 시작하였습니다. 그렇게 새로운 이름을 얻은 청년 '체 게바라'는 히크메트의 시구처럼 끝나지 않는 노래를 부르며 무덤까지 혁명을 이어갔고, 그의 혁명은 볼리비아에서 죽음을 맞이하고서야 멈추었습니다. 그가 죽고 30년이 지난 1997년, 그와 혁명동지 30여 명의 유해가 산타클라라에 안장되며 혁명의 먼 여정은 전설로 마무리되었습니다. 천진난만하고 유약하여 투사의 강인함이나 혁명가의 집념이라고는 찾아

볼 수 없었던 젊은이가 어떻게 전설이 된 것일까요.

전설을 찾아, 아니 전설이 된 체 게바라를 찾아 산타클라라로 향합니다. 장 꼬르미에Jean Cormier는 『체 게바라 평전』(실천문학사, 2000)에서 "체는 다른 사람의 고통까지 모든 것을 함께했다. 그는 바로 휴머니즘의 전도자였다"라고 말하고 있습니다. 체 게바라는 "모든 진실한 인간은 다른 사람의 뺨이 자신의 뺨에 닿는 것을 느껴야 한다"라고 스스로 단언했듯이 인간으로 진실하기 위해 살았고, 진실한 인간으로 생을 마감했다는 평가를 받습니다. "진정한 혁명가는 승리를 위해 어떠한 선택도 주저하지 말아야 한다. 그것은 혁명만이 숭고한 목적이기 때문이다"라고 말하던 시대에 체 게바라는 혁명의 대열에 있었습니다. 하지만 체 게바라는 혁명이 완수된 뒤에도 혁명을 멈추지 않았고, 끝내 혁명을 놓지 못했습니다. 그건 인간이 혁명을 이끌어야 하지만 어느 순간부터 혁명이 혁명을 이끌었기 때문입니다. 결국 혁명이라는 쳇바퀴에서 한 걸음도 벗어나지 못하고 묶여버린 것이죠. 혁명은 인간을 위한 진정한 대안이 되지 못했고 인간 체 게바라도 마찬가지였습니다.

그럼에도 체 게바라가 아름다운 혁명가로 두고두고 기억되는 이유는 무엇일까요? 이상이 멈춘 시대에 이상을 추구한 혁명가였으며 인간이 이끌어가는 혁명의 실체를 보여주었기 때문은 아닌지요?

체 게바라가 세상에 자신을 알리고 영면한 도시 산타클라라는 쿠바의 변화가 무색할 만큼 숙연하면서도 여전히 혁명의 열기가 남아 있는 듯합니다. 기념광장을 지나 체 게바라 기념관에 들어가려 하니 카메라는 물론 작은 돈 가방도 모두 맡겨야 한다고 합니다. 그리고 일렬로 입실하여 멈추지 말고 정해진 방향을 따라 아무 말도 하지 말고 조용히 참관하라고 주의를 줍니다. 오래전 하노이 호치민 기념관을 찾았을 때 줄을 서야 했던 기억이 샘솟습니다. 그때도 일렬로 서서 팔을 힘차게 흔들며 광장을 가로질러 참관실에 들어갔었습니다. 처음엔 창피하기도 했지만 팔을 흔들며 광장을 가로지르는 동안 영웅에 대한 공경심이 생겼고 그 정도의 예의는 지켜야 한다는 생각이 들어서 더욱 힘차게 팔을 흔들었던 기억이 납니다. 모택동, 레닌을 모두 만나보았지만 호치민이 유난히 기억에 남는 건 팔을 흔들며 참관실에 들어갔기 때문이 아닌지 모르겠습니다.

제가 만난 세 명의 사회주의 영웅은 모두 다른 인상을 주었습니다. 호치민은 인자했고 레닌은 엉뚱했으며 모택동은 우아했습니다. 그렇다면 체 게바라는 어떤 모습일까요? 체 게바라는 호치민, 모택동, 레닌과 같이 카리스마 넘치는 지도자의 모습이기 보다는 혁명의 끝에서 흔적도 없이 사라진 혁명의 친구였습니다. 사망과 동시에 방부 처리된 이들과 달리 체 게바라의 남은 흔적은 작은 상자에 들어갈 만한 유골이 전부입니다. 기념관의 하얀 벽에는 체 게바라의 얼굴이 그려진 동판이 걸려 있고 그 옆으로 운명을 같이 한 30여 명의 혁명동지의 부조가 함께 걸려 있습니다. 그의 영면은 동지들과 함께 벽 뒤의 작은 공간을 차지할 뿐이지만 그것만으로도 충분해 보입니다. 기념관을 나와 안내자와 나무 그늘에 둘러앉습니다. 그와 『체 게바라 평전』을 들추며 한 시대의 사건에 대해 이야기를 나누었습니다.

피델 카스트로는 법대 학창시절부터 학생운동에 참여할 만큼 현실정치에 적극적이었습니다. 그는 변호사로 활동하면서 국회의원에 당선되었지만 쿠데타에 성공한 바티스타가 모든 정치활동을 금지시켰기 때문에 그의 당선도 무효가 되었습니다. 마치 김대중 전 대통령의 일단을 보는 듯합니다. 김대중 전 대통령도 1961년 보궐선거에서 국회의원에 당선되었으나, 5·16으로 당선이 취소되었죠. 당시 김 전 대통령은 당선이 무효화되었지만 취임식이 예정되어 있었던 날 국회의사당에서 기념촬영을 하며 "언젠가 국회에 입성하겠다"고 다짐했다는 일화가 있습니다. 그때부터 군부독재 타도투쟁에 나서게 된 두 거인의 정치역정도 비슷합니다.

카스트로는 1953년 호세 마르티네스 탄생 100주년을 기념하여 무장혁명을 일으켰으나, 혁명은 실패했고 그는 현장에서 체포되었습니다. 당시 진압군은 군인 한 명이 죽으면 현장에서 10명을 사살하는 즉결처분을 하였기 때문에 카스트로는 죽을 운명이었죠. 그런데 카스트로를 체포한 분대의 분대장이 초등학교 동창인 카스트로를 알아보고 즉결처분 대신 감옥으로 호송했다고 합니다. 동창 덕에 목숨을 건진 카스트로는 정식재판을 받았습니다. 재판 과정은 전국에 생중계되었고 변호사였던 그는 스스로를 변호했는데, "역사가 나의 무죄를 입증할 것이다"라고 주장하며 자신의 정의로움을 굽히지 않았다고 합니다. 쿠바의 국민들은 목숨을 걸고 부당함에 맞서는 한 남자를 보며 새 시대가 다가오고 있음을 느꼈을 것입니다. 피델 카스트로는 이 재판에서 15년 형을 언도받았지만 국민의 높은 지지를 확인한 바티스타 정권은 그를 2년 만에 멕시코로 추방해버렸습니다. 카스트로가 망명한 멕시코는 1921년부터 제도혁명당이 정권을 잡고 있었기 때문에 중남미의 혁명가들이 모여 혁명의 꿈을 키워가던 땅이었습니다. 혁명에 목말라 있던 카스트로와 체 게바라의 운명적 만남도 이때 멕시코에서 이루어졌습니다. 그리고 체 게바라는 군의관 신분으로 쿠바 혁명에 참여하며 혁명의 길에 첫 발을 딛었습니다.

열의로 완수한 혁명

1956년 82명의 혁명가들은 그란마호를 타고 쿠바로 향했습니다. 이 배에는 쿠바인뿐 아니라 아르헨티나인인 체 게바라와 이탈리아인, 멕시코인, 도미니카인 등 다양한 국적의 혁명가들이 함께했습니다. 쿠바 혁명은 쿠바뿐만 아니라 라틴아메리카 혁명가들의 많은 지지를 받고 있었습니다. 하지만 혁명은 처음부터 순탄하지 않았습니다. 멕시코를 출항한 그란마호는 너무 많은 대원과 짐을 실었던 탓에 현지 안내자와 만나기로 약속한 지점에 닿지도 못하고 해안가에 좌초되고 말았습니다. 혁명군은 좌초된 그란마호를 버리고 도보 이동을 시작하였고, 해안가 맹그로브 숲과 늪지를 헤쳐 나오는데 꼬박 하루가 걸렸으며 그 과정에서 8명의 대원을 잃었습니다. 맹그로브 숲을 빠져 나온 카스트로와 혁명군은 잠시의 휴식도 없이 쿠바 남부의 시에라 마에스트라Sierra Maestra, 폭 50킬로미터, 길이가 130킬로미터에 달하는 산악지대로 최고봉 투르키노봉은 해발 2000미터를 넘는다 산맥을 향해 행군을 계속 이어가야 했습니다. 산으로 숨어들어가야만 몸을 숨길 수 있고, 살아남아야만 혁명을 이어갈 수 있었기에 그들의 행군은 절박했습니다. 그들의 혁명은 그란마호가 좌초되었음에도 차질 없이 진행되는 것처럼 보였습니다. 그런데 좌초한 배를 발견한 어부가 해안경비대에 신고를 했고, 정부군이 뒤를 쫓기 시작하며 혁명군은 위기를 맞았습니다.

혁명군은 추격하는 정부군을 겨우 따돌리고 '타토베기'라는 농부의 안내를 받아 사탕수수 농장에 몸을 숨기며 겨우 한숨을 돌릴 수 있었습니다. 3일 만에 휴식을 맞은 혁명대원들은 몰려오는 피로를 이기지 못하고 모두 깊은 잠에 빠져들었습니다. 이 틈을 타 농장을 빠져 나간 타토베기는 정부군에게 혁명군의 위치를 알려주었고, 얼마 지나지 않아 정부군의 공격이 시작되었습니다. 뿔뿔이 흩어져 산으로 도피해야 하는 절체 절명의 순간, 체 게바라는 자신 앞에 놓인 두 개의 상자로 인해 고민에 빠졌습니다. 두 개의 상자를 모두 가지고 도망칠 수는 없었기에 체 게바라는 의료상자와 탄약상자 중 하나를 선택해야만 했습니다. 탄약인가, 약품인가, 나는 군의관인가, 혁명전사인가에 대한 질문의 끝에 체 게바라는 탄약상자를 짊어지고 산으로 뛰었습니다. 이는 그의 혁명의지를 보여주는 단면인 동시에, 혁명전사의 삶이 시작되었음을 의미합니다.

이날의 공격으로 정부군의 포로가 된 21명은 다음 공격이 시작되기 전 모두 처형되었고, 수색 중 포로가 된 20여 명은 아바나로 이송되었습니다. 그날 82명의 젊은 혁명가는 대부분 죽거나 뿔뿔이 흩어졌습니다. 정부군은 12월 중순 게릴라를 완전히 소탕했다고 발표했고 시에라 마에스트라산에서 철수하기 시작했습니다. 비로소 혁명전사에게도 봄이 시작된 것입니다. 정부군이 철수하며 숨어 있던 혁명전사들이 서로를 찾아 다녔고 생존한 12명이 모였습니다. 생존자 12명, 역사를 만들어간 12명. 12라는 숫자는 참 의미 있는 숫자입니다. "신에게는 아직 12척의 배가 있습니다"라고 말한 이순신 장군이 있었고, 불가능 너머 세상의 지도자가 된 예수님의 12제자가 있었습니다. 불가능을 가능으로 돌려놓은 12의 마법은 쿠바에서도 유효합니다. 1874년 산 로렌조에서 스페인에 맞서 무장 투쟁을 일으켰던 카를로스 마누엘 데 세스피데스는 "우리는 열둘밖에 남지 않았다. 그러나 쿠바의 독립을 실현하기 위해서는 충분하고도 남는 수다"라고 외치며 혁명의 불씨를 피웠습니다. 이에 카스트로도 열둘밖에 남지 않은 동지들에게 말했습니다.

"우리는 해방자나 순교자가 될 것이다."

그리고 25개월 만에 그들은 쿠바의 해방자가 되었습니다. 요술을 부리지 않고는 불가능한 일이었으나, 12명의 살아남은 사람들은 이를 가능하게 만들었습니다. 그러니 12는 불가능을 가능으로 바꾸어놓는 숫자임이 분명합니다. 12의 마법에 체 게바라는 어떤 요술왕자로 나타났을까요.

카스트로는 모택동의 게릴라 전술을 교본으로 삼았기 때문에, 농민들의 신뢰를 얻어야만 혁명이 성공할 수 있다고 생각했습니다. 신뢰는 거짓 행동으로 얻어지는 게 아니라 오랜 시간 변함없는 모습을 보여주어야만 얻을 수 있는 어려운 일입니다. 카스트로는 그 역할을 체 게바라에게 부탁했고, 성공한 혁명가로 기억되는 체 게바라는 그렇게 다시 태어났습니다. 그는 농민을 진실하게 대했고, 그의 인간적 진실성과 지성은 의사를 본 적 없는 농민들에게 큰 인기를 얻게 됩니다. 그렇게 체 게바라가 농민들의 신뢰와 지지를 얻어냄으로써 혁명군은 세력을 키울 전환점을 맞이합니다.

모택동의 농민사랑은 전술적 접근인 데 반해, 체 게바라의 농민사랑은 진심이었던 듯합니다. 체 게바라가 가진 생명중시, 인간사랑의 가치관은 게릴라 부대를 이끌 때도, 8대대 대장으로서 아바나로 진격해가는 과정에서도 여실히 나타났습니다. 체 게바라는 부하들에게 "재미로 살상하지 않는다. 적을 대할 때조차 인간으로 존중하는 자세여야 하며 승리한 뒤라고 해서 변하지 않는다"라고 주지시키며 전투를 해나갔다고 합니다. 동료가 죽어가는 상황 속에서 적을 인간으로 대하라는 지침은 지키기 어려운 명령이었지만, 그의 부대는 이를 지켰고 인간성을 지킬수록 무적의 군대로 바뀌었습니다. 투항한 적군은 무장해제시키고 집으로 돌려보내거나 대부분 풀어주었고, 그런 그의 덕행이 입소문을 타고 바티스타 군에 전염되면서 아바나로 향하는 그의 8대대는 작은 전투 몇 번을 제외하고는 전투를 하지 않고도 적을 굴복시키는 무적의 군대가 되었습니다. 이에 더해 체 게바라의 투항 권유를 받은 정부군은 훨씬 많은 병력과 무기를 가졌음에도 투항하거나 혁명군으로 옷을 갈아입고 혁명의 대열에 동참하는 경우가 많았다고 합니다. 총 한번 쏘지 않고 승리하는 전쟁을 대승이라고 합니다. 그러니 대부분의 전투를 피 한 방울 흘리지 않고 승리한 체 게바라는 훌륭한 전술가요, 실천하는 고결한 양심이었던 것입니다. 그리고 적을 아군으로 돌리는 그의 탁월한 인성은 쿠바 혁명을 성공으로 이끈 키워드였으니, 이것이 체 게바라가 여전히 사랑받는 이유가 아닐까요.

1958년 8월 21일 혁명군은 시에라 마에스트라 산을 내려와 전면적인 공격을 개시하며 아바나를 향해 진격해갔습니다. 2개의 대대로 편성된 혁명군은 두 경로를 이용해 아바나로 향했는데, 두 부대가 거쳐가야 하는 길목에 자리 잡은 도시인 산타클라라에서 정부군과 혁명군은 만날 수밖에 없었습니다. 양편이 총력전을 펼칠 수밖에 없는 전략 요충지, 산타클라라는 쿠바인의 이목을 집중시켰습니다. 산타클라라에서 혁명군이 승리하면 아바나까지 한숨에 진격이 가능하고, 정부군이 승리하면 혁명군 잔당을 소탕하는 식으로 전투가 마무리되기 때문에 산타클라라는 혁명군과 정부군의 운명을 결정하는 승부처였습니다. 산타클라라로 접근해오는 혁명군은 열두 곳의 정부군 초소, 다수의 지방수비 부대와 경찰서, 여덟 곳의 도시, 여섯 곳의 군 주둔지를 접수했고, 이런 성과를 국민에게 알리며 혁명 열기를 고취시켰습니다. 지지와 동참을 호소하는 혁명군의 방송에 맞서 국영방송은 정부가 군 병력과 무기를 산타클라라로 보내 혁명군을 산산조각 낼 것이니 국민은 동요하지 말고 집에서 자제하고 있으라는 방송을 연일 내보냈습니다. 여론전이 치열해질수록 홍보를 맡은 체 게바라는 혁명군의 얼굴로 떠올랐습니다. 마치 영화 『터미네이터』Terminator, 1984에서 인류저항군 사령관을 맡은 존 코너의 이야기에 온 인류가 귀 기울였듯 쿠바 국민들은 그가 들려줄 다음 이야기를 기다렸습니다. 치열한 여론전이 펼쳐지면서 산타클라라는 전술적 가치뿐 아니라 정치적으로도 양측이 물러설 수 없는 격전지가 되었습니다. 하지만 병력을 비교해보면 양 진영의 대결은 무모해 보였습니다. 산타클라라에 집결된 혁명군은 364명인 데 비해 정부군은 4000명이나 되었고 무기의 차이도 컸으니까요. 혁명군과는 달리 정부군에게는 장갑차와 공군 폭격지원까지 있었으니, 비교하는 것이 우스울 정도였습니다.

체 게바라가 "게릴라는 밤의 전사다"라고 말했듯 혁명군은 야간습격으로 정부군의 우수한 무기를 무력화시키며 천천히 산타클라라를 목 조르는 전략을 썼습니다. 체 게바라가 산타클라라 외곽에서 천천히 포위를 좁혀갈 쯤, 바티스타가 보낸 장갑열차가 산타클라라에 도착한다는 비밀정보를 접하게 됩니다. 장갑열차가 들어오면 충원된 병력과 장갑열차로 무장한 정부군을 이길 수 없다고 판단한 체 게바라는 장갑열차 탈취 작전을 계획하게 됩니다. 불도저로 철로를 파괴해 기차를 탈선시키고, 화염병으로 장갑열차를 불태우는 과감한 선제공격을 감행한 것입니다. 22량이나 되는 장갑열차에는 무기와 지원군이 가득 실려 있었지만 정부군은 예측 못한 화염병 공격에 손 한번 써 보지 못하고 기차와 무기를 혁명군에 내어주었고, 장갑열차가 탈취되었다는 보고를 접한 정부군은 전의를 잃고 흔들리기 시작했습니다. 이때 체 게바라는 사기가 저하된 정부군을 공격하기보다 군 주둔지를 직접 찾아가 군 지휘관과 담판을 벌이는 용기를 보였습니다. '역사의 편에 설 것인가, 역사의 오점으로 남을 것인가'에 대한 질문을 가지고 말이죠. 전시에 적의 주둔지를 찾아갈 만큼 진정성을 보인 그의 열의는 정부군의 의심을 풀어주기에 충분했습니다. 체 게바라가 병영을 방문한 다음 날 아침, 산타클라라의 정부군이 백기를 게양함으로써 혁명군은 총 한방 쏘지 않고 산타클라라에 입성하였으며 3일이 지나 아바나에 도착하면서 쿠바 혁명은 끝이 났습니다.

그란마호를 타고 멕시코를 떠난 지 25개월 만에 이룩한 쿠바의 혁명은 한 명의 주인공을 탄생시킨 멋진 드라마로도 손색이 없습니다. 산타클라라를 접수한 날, 2대대를 지휘한 카밀로Camilo Cienfuegos와 8대대를 지휘한 체 게바라는 산타클라라 광장에서 이런 대화를 나누었다고 합니다.

"우리가 이긴 뒤 뭘 해야 될지 알 것 같네. 자네를 우리에 넣어서 전국 각지를 돌아다니며 몰려드는 사람들에게 관람료를 받고 자네를 보여주어야겠네."

체 게바라는 대중의 영웅이고 우상이었습니다. 체 게바라를 우상으로 만든 건 그 누구도 아닌 그의 양심과 고결한 인격이었으며, 이를 행동에 옮긴 실천이었습니다. 그러니 체 게바라의 승리를 혁명가의 승리이며 인간의 승리라고 말해야 할까 봅니다.

기념관을 떠난 버스는 철로에 잠시 멈춰섭니다. 그 유명한 장갑열차 앞에서 사진을 찍고 다시 버스에 오르니 이번엔 광장에 멈춥니다. 카밀로와 체 게바라가 어린아이같이 어깨동무하고 걸었던 광장이자, 환호하는 사람들과 한데 어울려 자유의 기쁨을 누렸던 광장입니다. 해가 어수룩하게 질 때까지 벤치에 앉아 지나가는 사람들을 바라보았습니다. 옆 벤치에 앉은 할아버지와 할머니는 60년 전의 그날을 기억하는지 어두워져서야 벤치를 떠났습니다. 그분들의 기억에 혁명의 날은 어떻게 남아 있을까요.

체 게바라는 혁명정부의 주요 요직을 거쳤지만 여전히 굶주렸고, 행복하지 않았습니다. 이상적이지도, 공평하지도 않은 세상을 항상 괴로워했습니다. 그에게 승리자의 자리는 맞지 않았나 봅니다. 내가 할 수 있는 만큼만 하고 남은 건 다른 사람의 몫으로 남겨두면 되는 것인데, 그에게 다음이란 참기 어려운 시간이었습니다. 스스로 밝혔듯 승리를 향한 중단 없는 전진만이 스스로의 존재를 느끼게 하는 유일한 통로이기에 그만 안주해도 좋으련만 체 게바라는 혁명 대의를 향한 전진을 멈출 수 없었고 다시금 혁명을 꿈꾸기 시작했습니다. 다른 의견도 있습니다. 피델 카스트로가 현실적인 대안으로 소련을 택하자, 혁명정부 내에서 반대 노선을 주장하다가 권력의 핵심에서 밀리며 현실 정치에서 멀어졌기 때문이라는 것입니다. 체 게바라는 군국주의의 길을 걷는 소련도 미국과 다를 바 없으며, 혁명의 대안은 아니라고 본 듯합니다. 체 게바라의 결심은 오래가지 않았습니다. 그는 카스트로가 이끄는 혁명평의회에 작별의 편지를 한 통 남기고 콩고로 떠났습니다. 산타클라라 광장에 빼곡히 새겨진 비문은 혁명평의회 동지들에게 보냈던 편지의 내용을 담고 있습니다. 편지의 마지막 문장이 의미하듯 그는 작별의 순간에도 '승리를 위한 영원한 전진Hasta La Victoria Siempre'을 꿈꾸었습니다.

체 게바라는 열의를 가지고 콩고에 도착했지만, 콩고에서의 혁명은 순탄치 않았습니다. 그는 탕가니아호 서쪽 연안에서 활동하는 게릴라 조직과 함께 혁명을 이끌어가고자 했습니다. 인민해방군으로 불리던 이 조직은 26세의 로랑 카빌라Laurant Desire Kabila가 이끌고 있었습니다. 카빌라의 반란군은 오합지졸이었으며 부족 간 갈등으로 사분오열이 되어 있었고, 지휘관들은 그저 호수 건너 키고마의 술집과 사창가에서 시간 보내기를 좋아하는 타락한 집단이었습니다. 체 게바라는 하나의 대륙, 하나의 문화와 하나의 언어를 가진 라틴아메리카와 너무 다른 환경에 적응하지 못하고 결국 콩고를 떠났습니다. 체 게바라는 콩고를 떠난 뒤에 이런 기록을 일기장에 남겼다고 합니다.

"인민해방군은 기본적으로 기생충 같은 군대였다."

혁명의 탈을 썼을 뿐 타락한 인간들이 벌이는 혁명이 얼마나 파렴치하고 탐욕스러운지 눈으로 보았고 실체를 깨우친 것입니다. 그리고 체 게바라는 이어 말합니다.

"혁명가가 숭고한 이상과 양심을 잃으면 남는 건 빈손이다."

부패한 카빌라는 타락한 군대를 이끌고 혁명에 성공해서 대통령이 되었습니다. 혁명은 성공했지만 콩고는 안정되지 않았습니다. 카빌라의 군대는 내전을 지속하며 국민의 희생을 강요했고, 그가 호위 장교에게 암살당하고 나서야 긴 내전이 끝났습니다.

체 게바라는 아프리카를 떠나기 전, 넬슨 만델라Nelson Mandela의 서신을 받고 그와 역사적인 만남을 가졌습니다. 양심적인 흑인과 양심적인 백인의 짧은 만남은 역사의 다음 장을 열어가는 계기가 되었습니다. 아프리카에서 돌아온 체 게바라는 쿠바 유엔대사 자격으로 유엔에서 연설을 하며 남아공의 비인도적인 인종분리 정책을 비난했고, 당시 막 태동한 제3세계 그룹이 체 게바라의 연설에 동조하면서 남아공에 새로운 변화가 시작되었으니까요. 미국과 영국은 애써 외면하려 했지만 소련이 제3세계의 주장을 지지하자 제3세계가 소련과 가까워지는 걸 어떻게든 막아야만 했던 미국과 영국도 결국 남아공 경제 제재에 동참하게 됩니다. 남아공의 백인 정부는 그렇게 한 남자의 열정적인 노력에 의해 무너졌습니다.

그러니 체 게바라가 아프리카에서 실패한 건 아닌 거죠. 콩고에서는 실패했을지라도 남아공의 혁명의 불을 지폈고 결국 혁명을 완성시켰으니까요. 남아공의 아파트 헤르트인종 차별정책의 철회는 이상을 좇은 한 남자의 열의가 만들어 낼 수 있는 최대치가 무엇인지 보여주는 사건이었습니다. 쿠바로 돌아온 체 게바라는 다음 행선지를 볼리비아로 정하고 동지들과 다시 혁명 여행을 떠났습니다. 그러나 승리를 위한 영원한 전진은 더 이상 이어지지 못하고 볼리비아에서 멈추게 됩니다. 마침내 외로운 체 게바라에게도 영원한 휴식이 주어진 것입니다. 카빌라는 호수 건너 사창가를 찾아가며 체 게바라에게 이렇게 외쳤다고 합니다. "Acha Inwe Dogedoge Siachi." 스와힐리어로 "죽일 테면 죽여보라지. 그래도 나는 절대로 젊은 여성을 포기할 수 없다"라는 뜻이라는데, 카빌라의 말은 에이즈의 실체가 밝혀진 후 에이즈를 지칭하는 은어로 쓰였다고 합니다. 카빌라는 체 게바라의 운명을 알고 있었을까요? 끝내 혁명을 멈추지 못한 운명을요.

체 게바라 동상에 쓰인 글귀가 그의 열망을 선명히 기억합니다.
"승리를 위한 영원한 전진을."

자전거 인력거는 관광용이 아닌 서민의 가벼운 교통수단입니다.
그래도 구시가지에선 아주 유익합니다.

혁명광장의 정부 건물에는 체 게바라의 초상화가 벽에 새겨져 있습니다.

체 게바라는 혁명의 시대의 향수를 불러일으키는 거리의 소모품일 뿐입니다.
이상은 사라지고 책과 초상화, 기념품이 팔리는 노상에서
체 게바라가 소비되고 있습니다.

1930년대 만들어진 캐딜락입니다.
운전사는 부품을 구하기도 어렵고 부품이 비싸다고 투덜거립니다.
그래도 아직 굴러가는 게 어디인가요?

사탕수수를 증류해서 만드는 럼은 쿠바의 명물입니다.
아바나 클럽의 럼은 국가에서 관리해서 품질도 좋고 가격도 저렴합니다.

암보스 문도스 호텔의 511호는 헤밍웨이의 흔적을 남기고 있습니다.
헤밍웨이는 쿠바를 끔찍이 사랑했고, 대표작을 쿠바에서 저술했습니다.

"내 삶은 라 보데기타의 모히또와 엘 플로리디타의 다이키리에 존재한다."
헤밍웨이가 직접 문구를 써주었을 만큼
라 보데기타의 모히또는 일품이라고 합니다.

콜럼버스가 100년간 묻혔던 대성당의 모습입니다.
아바나 구시가지의 중앙 광장에 있는 대성당은 좌우의 종탑의 크기가 다른 특이한 건물이죠.

캐딜락을 타고 밤거리를 질주하는 투어는 아바나의 낭만처럼 자리 잡았습니다.
아바나만을 달리며 무더운 한낮의 열기를 날려 버립니다.

ROUTE 7

마야 문명의 미스터리를 쫓다,
유카탄 반도와 벨리즈

Yucatan

마야가 사라진 날의 기록, 유카탄 보고서

마야 실종의 날

아즈텍이 무너지고 30년이 지난 1553년, 20세의 혈기 넘치는 프란시스코회 수도사 '디에고 데 란다Diego de Landa'는 30만여 명의 마야인을 개종시키라는 의무를 받고 신대륙에 도착했습니다. 그는 신대륙 전도에 열과 성을 다하여 수년이 지나 유카탄 교구장 겸 주교로 승진하는 성공을 거두었지만, 그에겐 고민이 있었습니다. 그는 가톨릭을 수용하면서도 전통문화와 우상숭배에서 벗어나지 못하는 마야인을 신의 자식으로 보아야 하는지, 이 땅에 신의 역사가 확고하게 이룩된 것인지 긴 고민에 빠졌고, 고민 끝에 이교도에 대한 전쟁을 결심합니다. 역사가 기록한 날, 1562년 7월 12일 디에고 데 란다는 종교적 열의와 신념으로 가톨릭 이외의 종교 활동을 일체 금지하며 이를 어기는 자는 엄단한다는 포고령을 읽어 내려갔습니다.

그는 엄격하고 잔인하게 포고령을 집행한 듯합니다. 포고령 이후 5000개의 우상, 13개의 제단, 192개의 제기, 27권의 서적이 소각되거나 파괴되었고, 마야를 가슴에서 빼내지 못한 원주민과 전통종교와 관련된 많은 사람들이 죽음을 당했기 때문입니다. 파괴된 규모와 내용을 비춰볼 때 마야를 지우고 순혈 가톨릭을 유지하려 한 디에고 데 란다의 의지는 강건했고, 종교적 박해 역시 지독했습니다. 란다 주교는 어떤 생각으로 종교박해를 그리도 가혹하게 실행한 것일까요?

그는 종교박해를 통해 미개한 과거와 단절하고 성스러운 세상과 입맞추려 했습니다. 하지만 그의 결단이 미개한 과거와의 단절이자 성스러운 가톨릭 세상으로의 개화인지, 아니면 인류에게 전달되어야 할 메시지의 실종이자 독선의 개화인지 판단하기 어렵습니다. 그날의 포고령으로 사라진 마야의 유산은 마야를 지우기에 충분했고, 마야는 인류의 기억에서 사라졌으니까요. 전기 마야가 스스로 사라지는 길을 택했다면 후기 마야는 그렇게 지워졌습니다. 그래서 포고령이 발표된 날을 "마야 실종의 날"이라고 부른다고 합니다. 우연의 일치인지 모르겠으나, 포고령이 낭독된 도시인 '마니'는 마야어로 '모든 것이 끝났다'라는 의미라고 합니다. 그날로 마야가 끝난다는 걸 마야는 알고 있었는지, 아니면 란다 주교가 자신의 마음을 표현하기 위해 의도적으로 선택한 도시인 건지 궁금증이 남습니다.

마야는 끝났고, 마야의 지혜를 인류가 계승하지 못한 건 큰 손실로 남았습니다. 수준 높은 마야의 수학적 지식과 역법을 고려할 때 어떤 메시지를 지니고 있을지도 모르니까요. 중국의 위대한 황제 진시황은 분서갱유로 악명이 높습니다. 법가와 생각이 다른 유가와 도가의 서적들을 불태웠고, 많은 사람들이 억울한 죽음을 당했습니다. 하지만 분서갱유를 겪은 유가는 진나라를 멸망시키고 새로이 주인이 된 한나라의 통치 근간이 되었습니다. 이는 법치의 시대가 가고 인치의 시대가 시작되었음을 의미합니다. 그런데 그 시간의 틈이 그리 길지 않습니다. 정말로 유가가 혹독한 박해를 받았다면 회복되기에는 너무 짧은 시간입니다. 분서갱유를 이겨낸 유가의 힘은 무엇일까요? 어떻게 유가는 짧은 시간에 영향력을 회복하여 중국의 중심 철학으로 이어졌을까요? 분서갱유 때 유가의 많은 서적들이 숨겨졌고 격변기를 무사히 이겨낸 후 다시 세상에 나왔던 데 이유가 있습니다.

마야가 지워진 그날, 마야는 정녕 실종된 걸까요? 마야에도 숨겨진 증거물이 있지 않았을까 하는 미약한 희망은 현실이었습니다. 마야의 서적을 빼돌린 사람이 있었던 것이죠. 박해와 파괴를 피해 몰래 빼돌려진 마야의 서적은 스페인 선원에게 건네졌고, 마야를 떠나 유럽의 시장에서 팔렸습니다. 마야를 기록한 책으로는 4권의 코텍스가 존재하며 멕시코시티, 마드리드, 파리, 독일의 드레스덴 박물관에 보관되어 있었다고 합니다. 하지만 마야의 상형문자를 이해하지 못했기 때문에 4권의 코텍스는 그저 기이한 책으로 취급받아 기억에서 잊힌 채 방치되었습니다. 그렇게 300년이 지나 마야의 상형문자를 인류가 해독하기 시작하며 4권의 코텍스뿐 아니라 수도원 서고에 방치된 마야의 서적이 하나둘 발견되면서 마야학은 조금씩 학문적 자리를 잡아갔다고 합니다. 인류가 마야를 해독하게 된 스토리는 극적이다 못해 모순덩어리입니다. 마야 해독의 실마리는 마야가 멸망하고 300년이 지난 1800년대 중반, 마드리드 왕립도서관에서 『유카탄 지역 문물들의 제 관계』라는 보고서가 우연히 발견되면서 시작되었습니다. 유카탄 보고서로 축약해 불리는 이 보고서는 마야 코텍스를 라틴어로 옮겨 쓴 책일 뿐 아니라 마야에 대한 기록을 풍부하게 담고 있어서 사라진 마야를 다시 불러들이기에 충분했다고 합니다.

마야를 재발견하다

유카탄 보고서는 프랑스 신부인 브라쇠르 드 부르부르Brasseur de Bourbourg가 발견하였습니다. 그는 유카탄 보고서가 발견되기 전에도 라틴아메리카의 수도원을 순례하며 고문서 더미에서 마야의 신화인 포폴 부Popul Vuh를 찾아냈고 마야상형문자 해석에 오랜 세월을 보냈습니다. 하지만 포폴 부와 마드리드의 코텍스로는 마야상형문자를 해석할 수가 없었습니다. 이집트 고대 상형문자를 해석하는 데 곱트어의 안내가 필요했듯 마야의 상형문자도 실마리를 제공할 안내서가 필요했기 때문입니다. 그런데 유카탄 보고서가 마야문자 해독의 안내서가 되었으니 유카탄 보고서를 찾아낸 브라쇠르는 마야 연구의 초석을 다진 학자이자 마야가 세상에 나오게끔 안내한 최고의 공헌자라고 불릴 만합니다.

재미난 사실은 마야를 파괴하고 지워버린 디에고 데 란다 주교가 유카탄 보고서를 작성했고, 그로부터 마야가 되살아났다는 것입니다. 마야를 지워버린 인물이 어떻게 마야를 되살렸다는 것인지요. 1542년, 카사스 수도사가 발간한 『인디아스 파괴에 관한 간략 보고서』가 유럽의 지성을 깨우며 인디오에 대한 학살과 박해에 대한 부정적인 인식이 교회에 자리 잡았습니다. 더불어 1550년에는 식민지 인디오를 스페인 국왕의 신민으로 인정한다는 신헌법이 공표되었기 때문에 1562년 디에고 데 란다에 의해 시작된 원주민 종교박해는 가톨릭의 이름으로 행해졌음에도 원주민 박해라는 심각한 문제를 낳았습니다. 더욱이 금으로 된 책과 유물까지 태웠다는 사실이 알려지면서 교회재산을 훼손한 죄목까지 더해져 그는 종교재판에 회부되었습니다. 그는 종교재판에서 원주민에 대한 박해가 아닌 교화였음을 증명해야 했고, 그런 이유로 그가 시도한 일이 마야의 기록을 복원하는 일이었다니 재미난 넌센스입니다. 어떠한 이유에서든 디에고 데 란다는 자신이 파괴한 마야를 살려내기 위해 원주민들을 모아 사라진 이야기를 세세히 기록하기 시작하였고, 그에게서 라틴어를 배운 아이들이 구술된 내용을 라틴어로 기록하면서 사라진 마야가 『유카탄 지역 문물들의 제 관계』라는 보고서로 다시 태어난 것입니다. 디에고 데 란다는 자신의 종교재판에 이 보고서를 제출하고 사면을 받았으니 마야의 실종과 재발견만큼이나 이율배반적인 인물입니다.

전말이야 어떻든 마드리드 왕립도서관에서 『유카탄 지역 문물들의 제 관계』라는 보고서가 발견되면서 마야의 상형문자가 해독되었고, 마야의 신화와 전설을 기록한 포폴 부가 해석되면서 인류는 버려진 도시의 부조와 석상의 예언적 의미뿐 아니라 마야의 복잡한 역법을 이해하게 됩니다. 다시 인식의 세계로 돌아온 마야는 그것으로 끝이 아니었습니다. 여전히 "왜?"라는 질문과 "어떻게?"라는 질문의 답을 찾지 못했기 때문입니다. 마야는 5200년의 시간주기를 가졌습니다. 왜 그리고 어떻게 그 긴 시간을 가늠했을까요? 마야는 스스로 사라지기를 택했습니다. 왜 그리고 어디로 갔을까요? 질문은 끝이 없고 답은 한계에 부딪칩니다. 마야어는 현재 30퍼센트밖에 해독되지 않았고 마야의 문헌도 몇 개 되지 않으니 더 많은 상상과 시간이 필요할 것 같습니다.

마야문자는 표의문자와 표음문자의 혼합으로 이루어진 상형문자입니다. 제가 본 마야문자는 이집트의 고대문자보다 훨씬 복잡한 그림으로 되어 있었습니다. 이집트 고대문자는 로제타스톤Rosetta Stone이 있었음에도 해독하는 데 41년이란 시간이 필요했습니다. 소리는 있는데 뜻이 없는 표음문자를 이해하지 못했기 때문입니다. 마야문자를 해독하는 작업도 지난한 걸 보면 이해할 수 없는 표음문자에 발목이 잡혀 있지 않은지요. 마야문자도 빨리 해독되어서 한발 더 가까이 마야의 실체에 다가갔으면 좋겠습니다.

석주에는 마야의 상형문자가 적혀 있습니다.
언제쯤 마야의 모든 비밀이 풀릴까요?

Chichen Itza

마야가 새롭게 꽃피운 땅, 치첸이트사

마야의 또 다른 얼굴

마야가 새롭게 꽃피운 땅, 치첸이트사를 찾아갑니다. 후기 마야는 기원후 889년부터 유카탄 반도에서 번창하여 화려한 도시 문명을 이룩했지만, 스페인의 페드로 데 알바라도Pedro de Alvarado가 코르테스의 명령을 받고 유카탄 반도에 왔을 때는 이미 대부분 와해된 상태였습니다. 후기 마야의 도시를 정복해갔던 알바라도는 폐허가 된 도시에서 어안이 벙벙했겠죠. 화려한 도시와 넘치는 금은보화를 꿈꿨지만 폐허가 된 도시엔 유랑민만이 거주하고 있었습니다. 마야는 이번에도 스스로 사라진 것인가요? 그래도 역사는 마야의 멸망을 알바라도가 도착한 시점에 맞춰 1546년이라고 기록하고 있습니다.

후기 마야는 멕시코 고원에서 유카탄 반도로 남하한 똘떼까족과 티칼을 떠난 지배층이 연합하여 이룩한 도시연맹체입니다. 중심지도 과테말라 북부에서 유카탄 반도로 옮겨졌고, 치첸이트사Chichen Itza, 우슈말Uxmal, 마야빤Mayapan이 중심 도시로 자리 잡았습니다. 특히 피라미드, 신전 등 거대건축물이 세워졌던 치첸이트사는 마야연맹체의 핵심이 되어 마야의 성장을 이끌었습니다. 그러나 12세기 말 마야빤이 치첸이트사에 대항해 신 마야제국을 건설하면서 치첸이트사는 마야빤에게 통치권을 넘겨주게 됩니다. 이에 대항한 치첸이트사의 이짜족이 1450년 마야빤의 마야족을 상대로 전쟁을 벌이면서 후기 마야연맹은 급속히 와해되었습니다. 이짜족이 치첸이트사를 건설한 부족이고 마야족이 마야빤의 중심 부족이니 후기 마야의 중심이었던 치첸이트사와 마야빤의 주도권 다툼이 마야연맹체의 쇠퇴를 가져왔다고 봐야겠죠. 알바라도가 600명의 군대를 이끌고 유카탄 반도에 상륙해 마야의 도시들을 정복했던 1524년 마야의 도시들은 이미 폐허 수준으로 방치된 상태였습니다. 도시를 정복한 게 아니라 도시를 빌려 쓰는 일단의 무리들을 정복한 것이니 빈손으로 돌아가야 했던 알바라도도 허무했겠죠. 치첸이트사와 마야빤이 대립하지 않았다면 마야는 스페인을 막아내고 번영을 이어갔을까요? 그러나 그건 억측일 뿐입니다. 마야는 스페인 시대를 막을 수 없음을 알았을 겁니다. 이번에도 마야는 스스로의 운명을 결정한 게 아닐까요? 어차피 마야는 망할 운명이었으니 스페인에 의해 멸망하기보다 자연스런 쇠퇴가 부작용과 피해를 가장 줄이는 방안이었을 테니까요.

후기 마야의 영광과 멸망을 마주한 치첸이트사는 칸쿤에서 3시간 거리의 정글에 자리 잡고 있습니다. 차에서 내려 거대하게 무리 지어 움직이는 인파를 따라가면 치첸이트사의 쿠쿨칸 피라미드Kukulcan Pyramid가 웅장하게 나타납니다. 전기 마야엔 존재하지 않았던 인신공양 풍습이 후기 마야에 나타나는 건 똘떼까의 영향 때문입니다. 똘떼까의 인신공양은 정치적 이유로 상대를 제압하고 민족을 하나로 엮는 수단이었지만, 인간의 도리를 넘어선 잘못된 문명이었기에 결국 종말을 맞았습니다. 그런데 마야의 땅에서 다시 못된 짓을 시작한 것입니다. 그들이 세운 도시 치첸이트사에도 인신공양의 흔적이 곳곳에 남아 있습니다. 특히 쿠쿨칸께찰코아틀의 마야식 이름 피라미드는 인신공양의 중심이었습니다. 종교적 광기와 야만적 속내를 감추려는 듯 피라미드는 고도의 기술로 정교하게 지어졌습니다. 쿠쿨칸 피라미드는 사면이 각각 91개의 계단으로 되어 있어 총 364개의 계단을 이루며, 최상층부에 신전을 둠으로써 '365'라는 숫자에 맞추어 의도적으로 건축된 건물입니다. 그뿐 아니라 춘분과 추분에는 햇빛이 피라미드의 계단 모서리에 걸리며 그늘을 만드는데, 이는 마치 피라미드에서 뱀이 꿈틀거리며 내려오는 형상을 연출하고 있습니다. 쿠쿨칸 피라미드는 계단의 개수와 피라미드의 방위, 천상을 의미하는 9단의 구조까지 무언가를 표현하려는 의도가 짙은 건축물로, 태양의 주기를 계산하고 이에 맞추어 건축한 피라미드라니 그저 놀랍기만 합니다.

쿠쿨칸 피라미드의 유명세는 외형적 정교함과 아름다운 선뿐 아니라 피라미드에 숨겨진 내부 피라미드에 이유가 있습니다. 마야의 피라미드는 대부분 덧씌우기 공사를 합니다. 하지만 쿠쿨칸 피라미드는 덧씌우는 정도가 아니라 내부 피라미드와 일정 공간을 띄워 별도의 피라미드를 외부에 짓는 방식을 사용했다고 합니다. 즉 피라미드와 피라미드 사이에 빈 공간이 존재하는 이중 구조의 피라미드인 것이죠. 이러한 이중 구조의 피라미드는 쿠쿨칸 피라미드가 유일하다고 합니다. 이러한 구조적 특성으로 인해 내부 피라미드와 외부 피라미드 사이엔 공간이 있고 공간은 공명 현상을 일으켜 소리가 주변으로 넓게 퍼져나갑니다. 피라미드 주변엔 이를 실험하듯 손뼉 치는 관광객들로 만원입니다. 그런데 소리는 단순한 음의 전달이 아닌 색을 띠고 있습니다. 바로 뱀이 우는 소리입니다. 케찰코아틀의 울음인 것이죠. 건물의 어떤 구조가 소리를 변형시키는지 알 수 없지만 손뼉 치는 소리가 뱀의 울부짖음으로 돌아와 섬뜩합니다.

두 번째 방문지로 마야의 공놀이 경기장으로 이동합니다. 마야의 공놀이는 7명이 한 팀이 되어 손과 발이 아닌 엉덩이, 어깨, 머리로 고무공을 쳐서 먼저 10미터 위의 고리를 통과시키는 팀이 승리하는 방식으로 이루어졌습니다. 이 놀이는 신을 위한 하나의 의식이기에 숭고한 결과를 요구했고, 이긴 팀의 주장은 목을 내놓아야 했습니다. 운동장을 걷다 보면 신에게 다가가려는 아우성이 들리는 듯합니다. 스탠드 벽면엔 경기에 참여한 전사들의 모습이 조각되어 있습니다. "사는 것은 죽는 것이요, 죽는 것이 진정으로 사는 것이다. 이겨서 신에게 안겨라"라는 사제의 외침은 허튼 소리가 아니었나 봅니다. 600년이 지난 지금도 가이드는 그날의 축제에 참가한 전사들을 설명하고 있으니까요.

경기장과 전사의 신전을 지나 재미난 이야기가 전해지는 우물로 향했습니다. 치첸은 마야어로 '우물'을 뜻하고, 치첸이트사는 '이사인들의 우물'을 뜻합니다. 1901년 멕시코 주재 미국 대사인 에드워드 톰슨Edward Thompson은 단돈 75달러를 주고 여의도의 132배인 250평방킬로미터의 땅을 구입하였는데, 치첸이트사는 그 땅의 일부입니다. 그는 우물에서 40개의 유골과 수천 개의 예술품을 건져 올렸으니 투자에 비해 대박을 낚은 행운의 남자였습니다. 우물의 존재를 알고 지위를 이용해 땅을 구입한 것일까요? 아니면 우연히 구입한 땅에서 노다지가 나온 것일까요? 운 좋은 사람은 넘어져도 케이크 위로 넘어진다더니, 그를 두고 하는 말 같습니다. 그는 우물에서 건져 올린 유물을 외교관 치외법권을 이용해 미국으로 가져갔다고 합니다. 그나마 다행인 것은 유물을 박물관에 기증해 후대의 좋은 연구 자료로 남겼다는 것입니다. 우물에서는 사람의 심장을 꺼낼 때 쓰였던 흑요석 칼, 인신공양으로 희생된 사람의 머리를 쌓아두는 선반인 촘판틀리Tzompantli 부조, 금과 은으로 만들어진 제기 등 다양한 유물이 발견되었는데, 발견된 유물로 판단해볼 때 우물은 인신공양의 장소였음을 알 수 있습니다. 우물에서는 하나의 미스터리가 인양되어 주목을 받았는데, 바로 주석으로 된 유물입니다. 주석은 아메리카 대륙에서는 나오지 않는 광물질이고 자연 상태로는 존재하지 않으며 복잡한 제련 과정을 거쳐야 만들어진다고 합니다. 라틴아메리카엔 철과 주석을 사용한 흔적이 전혀 없는데, 어떻게 주석으로 된 유물이 나왔을까요? 라틴아메리카엔 알 수 없는 사실이 너무 많으니 이 정도의 궁금증은 접어두어야겠습니다. 누가 실수로 빠뜨렸는지도 모르니까요. 아니면 역시나 우주인의 흔적일까요?

치첸이트사에서 시작된 미국의 행운

에드워드 톰슨이 얻은 것과 같은 횡재가 왜 미국에서만 반복적으로 발생하는지 모르겠습니다. 미국의 땅 투기 역사는 대단히 효율적이었습니다. 남들은 전쟁을 하고서야 겨우 얻는 땅을 피 한 방울 흘리지 않고 적은 투자로 얻었으니까요. 미국의 땅 투기 역사를 보고 있노라면 20세기의 신은 미국을 선택했다는 것에 동의할 수밖에 없습니다. 한 세기쯤 지나 신은 누구에게 축복을 내릴까요? 태평양 건너 한반도였으면 좋겠습니다.

미국의 땅 투기는 루이지애나부터 시작됩니다. 루이지애나는 프랑스가 아메리카 대륙에 소유하고 있는 가장 큰 땅이었습니다. 프랑스는 유럽에서 일어난 7년 전쟁과 30년 전쟁에서 영국과 대립했으나 전쟁에서 패했습니다. 이를 앙갚음하려 절치부심하던 중 미국독립전쟁이 발발했고 프랑스는 명예 회복과 실리를 취할 목적으로 미국독립전쟁을 지원했습니다. 무기 지원을 넘어 라파예트Lafayett와 수천 명의 젊은이들이 미국독립전쟁에 직접 참여할 정도로 적극적이었습니다. 프랑스는 미국을 도와 북미에서 영국을 몰아냈고, 오늘날 미국 국토의 23퍼센트에 달하는 루이지애나를 소유하게 되었습니다. 신생 독립국인 미국은 독립을 얻은 것만으로 만족했으므로 프랑스가 북미 대륙의 절반을 가져가는 데 이의를 달지 않았습니다.

그런데 미국은 급속히 성장한 나라였던 반면 유럽은 전쟁으로 치닫고 있어서 프랑스는 북미의 땅을 돌볼 수 없었습니다. 유럽 제국을 꿈꾼 나폴레옹에게는 영국 침공이 무엇보다 우선이었고 영국 침공에 필요한 자금을 모으는 데 필요하다면 무엇이든 팔았습니다. 그중 하나가 미국 내 프랑스령인 루이지애나와 뉴올리언스였습니다. 제퍼슨이 대통령이었던 시절, 나폴레옹은 그 넓은 땅을 1500만 달러에 사라고 미국에 제안했다고 합니다. 미국 내 프랑스령은 당시 미국 영토의 50퍼센트에 해당하는 큰 면적이었으며 대서양에 머물던 미국이 태평양으로 뻗어 나가는 데 꼭 필요한 교두보였습니다. 그렇게 거대한 땅을 단돈 1500만 달러에 수중에 넣었으니 미국의 행운일 수밖에요. 만약 나폴레옹이 루이지애나를 팔지 않았다면 미국이 태평양으로 확장하는 데 어려움이 많지 않았을까요? 어쩌면 제1, 2차 세계대전이 벌어지는 동안 아프리카와 마찬가지로 전쟁터가 되었을 수도 있었습니다. 그렇게 보면 미국이 오늘날과 같은 강국이 된 건 나폴레옹의 착각 때문이 아닌지요. 프랑스를 옮겨와도 될 땅을 헐값에 팔아버렸으니까요. 나폴레옹이 영국과의 대립을 접고 미국을 먼저 정복했다면 역사는 어떻게 전개되었을까요?

미국이 얻은 두 번째 행운은 멕시코입니다. 지질학의 대부 훔볼트는 라틴아메리카를 탐사하고 독일로 돌아가는 길에 미국에 들러 제퍼슨 대통령의 환대를 받았습니다. 제퍼슨 대통령은 훔볼트를 환대하며 집요하게 무언가를 요구했고, 이에 훔볼트는 제퍼슨에게 선물을 남겼습니다. 훔볼트는 라틴아메리카를 탐사하며 확인한 정보를 꼼꼼히 기록했고 그 사본을 제퍼슨에게 건네주었다고 합니다. 미국은 이 자료를 통해 텍사스에는 석유가, 캘리포니아에는 금맥이 존재한다는 사실을 알았을 것입니다.

그래서 의도적으로 멕시코와 전쟁을 벌이지 않았을까요? 미국의 멕시코 땅 빼기가 이런 의도 속에 진행된 것이 아닌지 의심스럽습니다.

1835년 멕시코령 텍사스에 불법으로 거주하는 미국인들이 멕시코로부터 독립을 선언하였습니다. 당연히 멕시코 정부가 이들의 독립을 받아줄 리 없었고, 전쟁이 시작되었습니다. 이것이 유명한 알라모 요새 전투입니다. 알라모 요새 전투에서 패한 미국인들은 미국에 텍사스를 합병해 달라고 도움을 요청했고, 미국은 요청을 받아들여 텍사스의 합병을 선언했습니다. 텍사스가 미국의 땅이 되었으니 멕시코가 텍사스를 포기하지 않는 한 멕시코는 미국과의 전쟁을 피할 수 없는 상황이 된 거죠. 하지만 양국의 전쟁은 제대로 된 전투 한번 벌어지지 않고 끝나버렸습니다. 스코트 장군이 이끄는 1만 2000여 명의 미국 해병대가 베라크루즈항에 상륙해 멕시코의 수도를 순식간에 점령하며 멕시코의 대통령까지 포로로 잡은 것입니다. 양국 전쟁에서 멕시코는 완패했고 어쩔 수 없이 지금의 애리조나, 뉴멕시코, 유타, 콜로라도 등 멕시코 영토의 절반이며 한반도의 10배에 해당되는 땅을 1500만 달러에 미국에 넘기는 조약에 동의해야만 했습니다. 1500만 달러면 1803년이라 해도 한반도 10배의 땅값으로는 너무 싼 거죠. 1500만 달러가 어떤 주술적 숫자도 아닌데 나폴레옹도, 멕시코도 덥석 땅을 내어주었으니 미국이 강대국이 되는 데 일등 공신이 아닐 수 없습니다.

미국 제3대 대통령인 제퍼슨은 독립선언문을 작성하여 민주주의의 대의를 밝히고, 미국의 미래를 건설한 진정한 애국자인 듯합니다. 그는 루이지애나를 프랑스로부터 매입했고, 훔볼트에게서 미국의 미래를 찾아냈으니 그의 혜안이 미국을 오늘에 이르게 한 게 아닌지요. 하지만 자신은 미국의 대통령이었던 자신을 그리 자랑스러워하지 않았다고 합니다. 그에게 자랑스러운 것은 미국의 독립과 성장에 기여했다는 사실뿐이었죠. 그의 유언에 따라 그의 묘비명에는 이렇게 쓰여 있다고 합니다.

> 미국 독립 선언서의 기초자이자
>
> 버지니아 종교 자유법의 제안자
>
> 그리고 버지니아 대학의 아버지
>
> 토머스 제퍼슨이 여기 잠들다.

미국의 세 번째 행운은 알래스카 매입입니다. 러시아의 차르 알렉산더 2세Alexander II는 농민들의 체제 저항을 무마시키려 농노해방을 단행했습니다. 러시아의 농노해방과 토지개혁은 땅을 무상으로 농민에게 나누어주는 방식이 아니라 땅을 받은 농민이 땅 소유주인 귀족에게 땅값을 지불하는 제도였습니다. 비용의 80퍼센트를 정부가, 20퍼센트를 농촌 공동체인 미르가 대납하고, 이를 49년 기한으로 상환하는 방식으로 농노를 해방시킨 것이죠. 귀족들의 지지와 농노의 불만을 해결한 좋은 묘수이기는 했는데, 이번에는 차르 정부가 토지 값으로 귀족에게 지급할 돈이 부족했습니다. 그 대안이 알래스카를 미국에 720만 달러라는 헐값에 팔아 넘기는 것이었습니다. 갖고 있었으면 큰 행운이었을 땅을 눈앞의 급한 문제를 해결하려 팔기로 한 것입니다. 하지만 어찌된 영문인지 농민들은 없던 빚이 생기고 땅은 고스란히 다시 귀족에게 돌아갔으니 사회 갈등은 해결도 못 하고 애꿎은 알래스카만 잃고 말았습니다. 러시아의 토지 문제는 볼셰비키 혁명에 가서야 해결될 일이었고, 차르 체제에선 해결될 수 없는 일이었으니 알래스카라도 지키고 있었으면 오늘날 러시아가 좀 덜 힘들었을 텐데요. 어리석은 차르 때문에 러시아는 땅을 잃고 미국은 땅을 거저 얻었으니 이번에도 행운의 여신은 미국 편이었습니다. 땅 투기를 잘 해서 대국이 된 나라 미국. 우리도 그런 행운을 누렸으면 좋으련만 현실은 반도마저도 둘로 나누어 갖고 있으니 복도 참 없습니다.

대멸종의 기억을 품은 곳

치첸이트사를 둘러보고 나오니 늦은 점심 식사를 할 시간입니다. 점심 식사를 하려고 방문한 리조트는 관광객으로 만원입니다. 리조트에는 '이킬 쎄노테Ik Kil Cenote'로 불리는 130피트39.6미터 깊이의 거대한 싱크홀이 있기 때문입니다. 쎄노테는 석회암층이 지하수에 녹으며 지반이 가라앉아 생겨난 싱크홀Sinkhole로, 이를 '지하의 관문'이라고 부른다고 합니다. 지하세계로 떠나려는 여행자는 수영복과 어린아이 같은 호기심만 가지고 계단을 뛰어 내려갑니다. 난간에 기대어 아래를 내려다보니 푸른 물이 출렁이는 까마득한 아래에 아이부터 어른까지 깔깔대며 물장구를 치고 있습니다. 유카탄 반도에는 싱크홀이 여럿 있습니다. 이킬 세노테는 그중 하나일 뿐이고 이외에도 곳곳에 비슷한 싱크홀이 자리 잡고 있습니다.

유카탄 반도에는 싱크홀뿐만 아니라 지구의 역사를 바꾸고 공룡에게 뼈아픈 고통을 가져다준 거대 운석공이 숨겨져 있습니다. 유카탄 반도의 운석공 이야기에 따르면 유카탄 반도는 세상의 질서를 바꾼 변화의 땅입니다.

"지질학도인 월터 앨버레즈Walter Alvarez는 대학원 졸업여행으로 이탈리아를 여행하던 중 대리석 광산으로 유명한 스칼리아 로사Scagli Rossa를 방문했다. 그는 400미터 두께의 대리석 암반 중간에 1센티미터 두께의 진흙층이 끼어 있고, 진흙층을 사이에 두고 위아래의 지층엔 현미경으로 확인 가능한 작은 유공충이 있는 반면 진흙층에는 아무런 생명체의 흔적이 없는 걸 발견하고는 진흙층은 어떤 비밀을 가지고 있는지 궁금해했다. '스칼리아 로사'의 지층구조는 전 세계에서 발견되는 K/T 지층으로, 진흙층 아래는 중생대 백악기 지층인 K층이며, 진흙층 위는 신생대 3기 지층인 T층이었다. 중생대와 신생대를 구분 짓는 진흙층이 만들어질 때 지구에는 무슨 일이 있었고 그 시간은 얼마나 걸렸을까? 그리고 진흙층에만 생명체의 흔적이 없는 이유는 무엇일까? 그런 궁금증을 안은 채 집으로 돌아온 월터 앨버레즈는 노벨 물리학상을 받은 물리학자이자 아버지인 루이스 앨버레즈Luis Walter Alvarez에게 채취한 시료를 보이며 도움을 청했다. 루이스 앨버레즈는 진흙층에서 주변 지층에 비해 1만 배나 많은 이리듐이 검출된 데 의문을 품고 이리듐이 지구보다 1만 배 많은 유성과의 충돌이 있었을 것이라는 가설을 세웠다. 이를 토대로 이리듐의 농도를 측정해 진흙층이 형성되는 데 필요한 시간과 충돌행성의 직경, 그로 인해 생겨난 운석공의 크기 등을 계산했고 1980년 이를 사이언스지에 발표했다. 그는 계산에 의하면 충돌행성은 직경 14킬로미터, 무게는 3000억 톤이었으며, 이 행성의 충돌로 생겨난 운석공은 직경 200킬로미터, 깊이 40킬로미터라고 주장했지만 지구상 어디에도 그런 운석공은 존재하지 않았기 때문에 그의 주장은 하나의 가설로 끝나고 말았다. 현재 정설로 받아 들여진 운석충돌설은 루이스 앨버레즈의 가설을 믿은 한 젊은 지질학도에 의해 증명되었다. 지질학도인 할더 브랜드는 루이스 앨버레즈가 계산해낸 운석공이 존재할 거라는 믿음을 갖고 유카탄 반도로 향했다. 그는 유카탄 반도 해상에서 중력 이상관측된 중력에서 표준중력을 뺀 값, 지형의 고저기복이 있는 경우 나타남이 둥근 모양으로 나타나는 현상을 보고 루이스 앨버레즈가 계산해낸 운석공이 유카탄 반도 해상 어딘가에 존재할 것이라고 생각하여 학교로 돌아가 지도 교수에게 자신이 발견한 사실을 설명하였다. 그의 발견에 귀 기울이던 지도 교수는 탐사대를 꾸려 다시 유카탄 반도를 찾았고 할더 브랜드와 탐사대는 유카탄 반도의 '칙술룹Chicxulub'이란 마을에서 직경 180킬로미터의 운석공을 찾아냄으로써 가설을 증명하였다. 그 해가 1991년이며 루이스 엘버레즈가 사이언스지에 발표하고 11년 흐른 뒤였다."

루이스 앨버레즈는 자신의 가설을 증명해준 젊은이가 얼마나 고마웠을까요. 그보다 인류는 두 과학자에게 고마워해야 할 것입니다. 6500만 년 동안 비밀에 묻혀 있던 시간을 밝혀냈으니 말입니다. EBS 다큐팀이 제작한 〈대멸종〉은 사건의 규모가 얼마나 대단했는지 이해하기 쉽게 수치로 설명하고 있습니다.

“6500만 년 전, 지름이 약 10~15킬로미터인 유성이 지구와 충돌했으며 그 충격은 히로시마에 떨어진 핵폭탄의 약 5000배 규모이다. 운석공은 지름 170킬로미터 서울~구미 간의 거리, 깊이 15~20킬로미터 에베레스트 산의 2~3배 높이였으며 쓰나미의 높이는 100미터가 넘었고, 육지로 20킬로미터 이상 침투해 들어가 모든 것을 삼켰다.”

그날의 충돌로 지구 생명체의 75퍼센트가 사라졌으며 그중 공룡은 멸종의 단계에 접어들었습니다. 그리고 지구가 다시 정상을 되찾기까지 1만 년이 필요했습니다. 월터 앨버레즈가 가졌던 의문, 1센티미터의 진흙층이 만들어지는 데 소요된 시간은 약 60년이었습니다. 60년 동안 지구엔 진흙비가 내렸고 세상에는 칠흑 같은 어둠이 이어졌습니다. 땅에 굴을 파고 살던 설치류는 긴 어둠의 시간을 잘 이겨냈고 지구가 원상태로 회복된 뒤 진화를 거듭하여 지구의 주인이 되었습니다. 그럼 지구가 다시 원상태로 회복되는 데 얼마의 시간이 필요했을까요? 지구는 하늘을 덮은 먼지가 지상으로 내려 앉고, 태양이 대지를 보듬고, 생명체가 진화를 시작하기까지 1만 년을 기다려야 했다고 합니다.

유카탄 반도에는 세 번의 실종 사건이 있었습니다. 전기 마야는 스스로 사라졌고 후기 마야는 디에고 데 란다에 의해 실종되었습니다. 그러나 유카탄 반도가 기억하는 진정한 실종 사건은 6500만 년 전 해맑은 하늘을 검게 물들인 사건이었습니다.

B e l i z e

지하세계로 통하는 문, 벨리즈 블루홀

마야의 통로, 툴룸

지구 내부로 통하는 문이자 지구의 눈으로 불리는 블루홀Blue Hole을 찾아 벨리즈Belize로 향합니다. 벨리즈는 유카탄 반도에 붙은 작은 소국으로, 과거 마야의 통로였던 툴룸Tulum과 멀지 않습니다. 저는 육로를 따라 툴룸에서 하루를 머물고 벨리즈로 넘어가는 일정을 택했습니다. 아름다운 카리브해와 마야 유적이 어우러진 툴룸은 마야의 길을 생각하게 합니다. 마야는 제국이 아닌 연맹체였습니다. 그러니 도시들 간 유대와 교류가 많았다고 해도 중앙집권적인 제국에 비해 상호교류가 현격히 낮았을 것입니다. 마야의 길은 그런 의미에서 크게 주목받지 못했습니다. 하지만 마야가 화려한 도시 문명을 꽃피운 걸 보아 외부세계와 단절된 도시는 아니었습니다. 게다가 평편한 고원에 세워진 아즈텍이나 산악지대에 세워진 잉카와 달리 마야의 도시는 정글에 세워져 있었으니, 마야가 외부세계와 소통한 창구가 무엇이었을지 궁금해집니다. 그 질문의 답을 가진 장소가 바로 툴룸입니다.

마야의 도시들은 정글 깊숙이 자리 잡고 있었지만 도로로 연결되어 있었고, 마야의 도시가 외부로 연결된 도로는 해안가의 툴룸에서 길이 끝났습니다. 따라서 툴룸은 마야가 외부 세계로 통하는 유일한 출구이자 마야의 길이 시작되는 입구라고 볼 수 있습니다. 툴룸을 통해 마야는 멕시코 고원과 교류를 가졌고 주요 교역품인 구리공예품과 비취, 흑요석 등이 툴룸으로 들어와 마야의 도시로 팔려갔습니다. 마야의 소금과 섬유 제품들도 툴룸에 모여 멕시코 고원으로 팔려나갔다고 합니다.

툴룸이 마야의 주요 도시였음을 보여주는 건축물은 현재도 꿋꿋하게 서 있습니다. 400미터의 성벽에 둘러 쌓인 '엘카스티요 성채El Castillo', '프레스코 신전Temple of the Frescos', '강림신의 신전Temple of Descending God' 등은 모두 13세기에 지어진 후기 마야의 건축물입니다. 그러나 13세기 건축물이라고 해서 툴룸을 후기 마야의 유산이라고 단정 지을 수도 없을 것입니다. 길이 다듬어지듯 건물도 새로 지어지거나 보수되기 때문에 고전기부터 있었던 유산일 수도 있습니다. 도로가 없었다면 내륙 깊숙이 고립된 티칼은 테오티우아칸과 교류를 할 수 없었겠죠. 티칼에는 테오티우아칸에서 사람들이 이주해왔고 그중 차콕 아이착이 티칼의 왕이 되었다는 이야기가 부조로 새겨져 있습니다. 그것이 정복이든 집단이주든 잦은 왕래 없이는 있을 수 없는 일입니다. 그러니 툴룸에서 시작한 길이 북으로는 치첸이트사, 마야빤과 연결되고, 남으로는 티칼까지 연결되었다는 가정도 무리가 아닙니다. 길은 소통과 유지의 수단이므로 마야의 길도 고전기 마야부터 내려온 유산이라고 봐야 할 듯합니다. 하지만 길은 건물과 달리 시대를 초월해서 사용하기 때문에 과거의 모습 그대로 남아 있는 게 하나 없습니다. 그저 상상의 선만 이어질 뿐입니다.

마야가 남긴 선물을 찾아서

라틴아메리카는 감자와 옥수수를 유럽에 전파하여 유럽의 식량 문제를 해결해주었고, 금과 은을 선물해서 산업혁명의 불을 지펴주었습니다. 또한 담배와 껌 등의 기호 식품으로 유럽인의 삶을 품격 있게 바꾸어주었습니다. 그중 마야는 껌과 초콜릿을 선물했는데, 마야가 전할 만한 것이 기호품밖에 없었을까요? 혹시 마야는 약을 주었는데 우리가 그걸 이해하지 못하고 기호품으로만 쓰고 있나요? 마야가 남긴 선물을 찾아 벨리즈의 'Rainforest Medicine Trail'에 따라 나섭니다.

마야가 유럽에 전한 껌은 사포딜라sapodilla 나무의 수액을 끓여서 만든 치클chickle에서 유래했습니다. 초콜릿은 마야에서 화폐 대용으로 사용했던 카카오에서 시작되었고요. 그렇다면 껌과 초콜릿과 같은 현재의 기호품을 마야인들은 어떻게 사용했을까요? 마야는 자연에서 약을 구했습니다. 신경을 깨우는 카페인이 함유된 카카오, 신경을 풀어주는 치클, 다양한 효능의 허브를 찾아냈으며, 검보림보gumbo limbo 나무의 붉은 껍데기에서는 구충과 거담 효과가 있는 테레빈turpentine 기름을 추출했을 뿐만 아니라 멍든 부위에 붙이는 파스 용도로 사용했습니다. 이렇듯 다양한 약재를 자연에서 구한 마야에는 알려진 것보다 비밀로 남은 게 더 많습니다.

장 프레데릭 발덱J.F Waldeck 백작은 고전기 마야의 중심지 중 하나인 빨렌께Palenque에 1년간 머물며 마야를 연구하고 유적을 스케치한 마야 전문가 중 하나입니다. 그는 100세에 17세 소녀와 결혼한 정력가여서 주변 사람들은 그가 마야에서 비법을 알아왔는지 궁금해 했다고 합니다. 에이드리언 G. 길버트Adrian Gilbert는『마야의 예언, 시간의 종말』(말글빛냄, 2007)에서 "발덱은 자신의 정력과 장수의 비결이 봄철마다 6주씩 고추냉이 배합약제를 복용하는 것이라고 말했다"라고 이야기합니다. 고추냉이는 상승 작용을 일으키는 매개체고 배합약재가 마야의 비밀일 텐데 이를 알려주지 않았으니 정체를 알 수 없습니다. 아마 천연 비아그라가 아니었을까요? 발덱은 프랑스 파리의 한 카페에서 커피를 마시던 중 지나가는 여자를 힐끗힐끗 쳐다보다 심장발작을 일으켜 사망했다고 합니다. 비아그라는 원래 심장약으로 개발된 약재였으니, 이와 연관성이 있지 않을까요?

약재의 숲을 걷고 나니 '우리가 잃어버린 것 중 되살려야 하는 게 자연이라면, 그건 자연에 숨겨진 것이 있어서가 아닐까?'라는 생각이 듭니다. 도시 거주민은 아마존 원주민보다 세균이 적다고 합니다. 몸에 장기 서식한 세균은 해롭지 않으니, 유익한 세균이 적다는 건 그만큼 외부 침입에 대한 저항력이 낮고 질병에 노출될 위험이 크다는 뜻이라고 합니다. 인류가 잃어버린 다양한 세균과 바이러스가 아직 정글에는 존재한다고 합니다. 질병에 대한 인류의 해결책이 정글에 있는 건 아닌지요. 에이즈와 에볼라가 발생한 아프리카 밀림엔 에이즈와 에볼라를 죽이는 천적도 함께 있었을 텐데 천적을 도시에서 찾으려니 어려운 게 아닐까요? 세상에 무적의 존재는 없다고 합니다. 무적이란 천적이 나오기 전까지의 이야기이고, 모든 존재의 적은 어딘가에 있기 마련이니까요.

마야의 숲, 미지로의 탐험

벨리즈는 마야의 심장과 그리 멀지 않습니다. 고전기 마야의 중심지인 티칼과 후기 마야의 중심지인 치첸이트사 중간에 자리하고 있어 마야의 전기와 후기를 이어주는 징검다리 같습니다. 그러니 마야 탐험의 시작으로 벨리즈만한 곳이 없습니다. 마야를 찾아가는 여행은 내륙의 마야 산맥과 콕스콤브스 산악 지대에서 해안의 저지대로 넓게 펼쳐진 정글에 산개한 폐허의 도시를 찾는 일이고, 과테말라를 넘어 티칼에 이르거나 치첸이트사에 이르는 육로 여행입니다. 저는 과테말라 여행 중 티칼을 방문했고, 치첸이트사를 거쳐 벨리즈에 왔습니다. 티칼과 치첸이트사를 연결하는 길이 시작되고 끝나는 곳, 벨리즈에서 마야를 추적한 사람들의 이야기를 찾아봅니다.

스페인이 라틴아메리카를 통치하던 시대에 마야 지역을 탐방한 군인과 탐험대는 마야에 대한 기록을 남겼습니다. 그런데 마야를 해독할 수 없었기 때문에 개인적 편견과 오해, 과장된 감정 표현이 기록의 주를 이룰 뿐 마야를 옳게 설명하는 기록은 전무했습니다. 그래서 마야는 미스터리한 정글 도시 유적에 거주하는 원시인이자 이해할 수 없는 신념에 사로잡힌 무지한 집단으로 표현될 뿐이었습니다. 어떻게 그런 모순이 가능할까요? 제대로 된 학자라면 의문을 갖지 않을 수 있을까요? 도시 문명과 원시인, 신념과 무지, 미스터리하지만 높은 수준의 문명이라는 모순된 표현은 한마디로 마야를 잘 모르겠다는 자기반성에 지나지 않습니다.

마야에 대한 진정한 이해는 스티븐스와 캐서우드의 중앙아메리카 탐사에서 시작되었습니다. 두 사람은 1839년과 1841년, 두 번에 걸쳐 42개의 마야 유적지를 방문하여 탐사하고 기록을 남김으로써 마야를 학문적으로 접근하는 데 큰 기여를 했다고 합니다. 이들은 벨리즈에서 탐사를 시작했는데, 스티븐스와 캐서우드가 벨리즈를 마야 탐험의 전진 기지로 삼은 건 후기 마야의 도시는 유카탄 반도의 정글에, 전기 마야의 도시는 내륙의 마야 산맥 너머 정글에 자리 잡고 있어서 육로는 티칼과 연결되고 수로는 유카탄 반도 깊숙이 연결되는 벨리즈의 지리적 장점을 파악했기 때문입니다.

마야도 벨리즈의 지정학적 중요성을 알고 활용한 게 아닐까요? 벨리즈 외곽의 거대한 마야 유적은 무엇을 설명하나요? 벨리즈는 마야 시대, 내륙의 마야와 해안을 연결해주는 통로였고 스티븐스와 캐서우드는 마야인들이 이용한 통로를 추적했던 것입니다. 벨리즈를 출발한 캐서우드의 탐사는 '끼리구아Quirigua, 꼬빤Copan, 꼬미딴Comitan, 빨렌께Palenque, 시살Sisal'로 이어졌습니다. 현재의 국가명으로 보면 벨리즈, 온두라스, 과테말라, 멕시코가 속한 영역으로, 유카탄 반도의 가장 깊은 열대 우림을 헤쳐 나가는 길입니다. 두 번의 탐사가 끝난 후에 스티븐스와 캐서우드는 『중앙아메리카 치아빠스와 유까딴 여행에서 있었던 일』(지식을만드는지식고전천줄, 2009)을 발간했는데, 마야의 유적을 객관적으로 정확하게 묘사하고 있어서 마야에 대한 혼돈을 어느 정도 해소해주었다고 합니다. 두 번째 여행에서는 마야의 중요한 역사 기록인 『칠람 발람』을 발견하였고, 이를 소개함으로써 마야학이 학문으로 시작된 계기를 열었기 때문에 이들을 마야학의 선구자로 부른다고 합니다.

『중앙아메리카 치아빠스와 유까딴 여행에서 있었던 일』을 번역한 정혜주 님은 "저자의 여행을 따라가다 보면 홀연히 새로운 땅에 들어서게 될 것이다"라며 두 탐험가의 흥미롭고 진지한 탐험 여정에 찬사를 보내고 있습니다. 이는 곧 마야를 찾아가는 여행자의 행복인 것이죠.

지구의 눈 블루홀

툴룸을 지나 벨리즈에 입국하면 세상에서 가장 매력적인 눈이 관광객을 맞이합니다. 지구의 눈이라 불리며, 지구상에 존재하는 블루홀 중에서 가장 아름답고 신비롭다고 알려진 벨리즈의 블루홀입니다. 그래서인지 앞에 그레이트를 붙여 그레이트 블루홀Great Blue Hole이라고 부릅니다. 그레이트 블루홀은 벨리즈시티 해안에서 약 70킬로미터 떨어진 라이트하우스 암초Lighthouse Reef 지대 중앙에 자리 잡고 있는 직경 313미터의 짙푸른색의 깊은 호수입니다. 주변은 깊이 10미터가 되지 않는 대보초 지대고, 환초環礁, 둥근 산호초띠 안으로는 수심 124미터의 깊은 구멍이 나 있으니 보기에도 특별해보입니다. 그레이트 블루홀은 1971년 자카 쿠스코라는 사람이 블루홀의 깊이를 측정하기 위해 칼립소호를 타고 탐사에 나서면서 세상에 알려지게 되었습니다. 현재의 명칭인 그레이트 블루홀은 영국작가인 네드미들레톤Ned Middleton이 이름 붙였다고 합니다. 그는 다이버로서 블루홀을 탐사하였고 탐사과정에서 받은 영감과 감동을 모아 『물밑에서 10년』Ten Years Underwater을 발간했는데, 이 책에서 "호주가 그레이트 배리어 리프Great Barrier Reef를 가지자, 벨리즈는 평등하게 그레이트 블루홀을 가졌다"라고 비유하면서 그레이트 블루홀로 불리게 되었다고 합니다.

블루홀이 유명세를 타게 된 건 미국의 디스커버리 채널이 '지구에서 가장 놀라운 장소 베스트 10'을 선정하며 블루홀 분야의 대표로 그레이트 블루홀을 선정하면서부터라고 합니다. 블루홀은 세계 각지에 있으며, 그레이트 블루홀이 가장 깊은 블루홀도 아닙니다. 깊이로 매긴 순위를 보면 멕시코의 타마울리파스Tamaulipas가 수심 335미터로 가장 깊고 바하마의 딘 블루홀Dean Blue Hole이 수심 202미터로 두 번째, 이집트의 다하부 블루홀Dahab Blue Hole이 수심 130미터로 세 번째에 이름을 올리고 있습니다. 수심 124미터의 그레이트 블루홀은 네 번째에 해당되죠. 하지만 그레이트 블루홀만이 '지구의 눈'으로 불리고 있습니다. 다른 지역의 블루홀은 깊은 계곡이나 지반이 가라앉으며 함몰된 지역에 물이 차올라 만들어진 데 반해 그레이트 블루홀은 산호가 자연적으로 만든 블루홀이기 때문입니다. 구조를 살펴보면 그레이트 블루홀이야말로 과거와 통하는 시간의 연결고리이자 지하세계와 연결된 통로라는 데 공감하게 됩니다. 이것은 그레이트 블루홀이 지질학적 기록과 지구의 변화를 기록으로 남기고 있기 때문입니다.

그레이트 블루홀을 만든 환초는 700만 년 전부터 생성되기 시작했습니다. 환초는 화산 주변의 땅이 화구 안으로 함몰되어 둥근 거울 모양으로 남게 된 지형이라고 이해하기 쉽지만 블루홀은 정반대입니다. 그레이트 블루홀은 화산 주변의 땅이 화구 안으로 깎여 둥근 거울 모양으로 남은 지형이 아니라 오랜 세월 지구의 변화와 함께 성장하고, 지구의 변화를 지켜본 지구의 눈입니다. 산호초는 광합성을 하는 생명체이기 때문에 태양 빛을 받을 수 있는 얕은 바다에 서식합니다. 블루홀의 모태인 화산 화구는 마지막 빙하기인 플라이스토세신생대 4기로 200만 년 전에 시작하여 1만 2천년에 끝남에 바다에 잠기기 시작했고, 그때부터 산호가 화구능선 주변에 둥글게 자리 잡기 시작합니다. 빙하기 말기로 갈수록 조금씩 바다의 수위가 높아졌고 산호초는 광합성을 하기 위해 위로 성장해갔습니다. 수위가 높아진 만큼 산호초는 아래층을 암반으로 굳히고 그 위에 다시 생명을 피우는 방식으로 위로만 성장했고 그 결과 안으로는 수직의 벽을, 밖으로는 수심이 얕은 산호대지를 만들어 현재의 모습을 갖게 되었다고 합니다. 환초 주변의 산호초 지대가 수심 3미터에서 9미터로 얕은 데 비해 블루홀의 내부는 수직의 절벽을 이루며 124미터로 깊게 파여 있는 지형은 바닷물의 상승과 함께 산호대지가 상승했음을 보여주는 증거입니다. 다시 말해 산호가 700만 년 동안 124미터나 성장한 것입니다.

오랜 세월 물의 높이에 키를 맞춰가며 성장했음을 보여주는 증표는 비행기에서 여실히 볼 수 있습니다. 블루홀 주변의 물은 파랗다 못해 초록색을 띠는데, 블루홀의 내부는 짙고 어둡기만 합니다. 벨리세시티 공항을 출발한 경비행기는 20여 분을 날아 블루홀 주변을 맴돕니다. 좌우로 몇 번씩 날갯짓하며 블루홀을 보여주는데, 우수 가득한 눈동자가 얼마나 아름다운지 빨려 들어갈 듯하고, 눈동자는 지구의 700만 년의 역사를 고스란히 기록하고 있습니다. 내일은 저 구멍 속으로 들어가는 탐험에 나서봐야겠습니다. 다윈은 화산섬에 산호초 대지가 성장한 뒤 섬의 침강으로 둥근 환초가 형성되었고, 이는 '거초→보초→환초'의 3단계 과정을 거친다고 주장했습니다. 그런데 그레이트 블루홀만은 다윈의 이론을 비웃는 듯합니다. 그레이트 블루홀은 700만 년 동안 주변에 암석층을 만들어가며 둥글게 성장해갔으니까요. 하늘에서 내려다보니 그레이트 블루홀의 긴 대보초 지대가 바다와 색 가름을 하고 있습니다. 다투는 듯 강렬한 대립은 짙은 푸름과 어둠으로 나뉘어 일직선으로 바다를 가릅니다. 산호는 그렇게 그레이트 블루홀을 호위하는 것이죠.

블루홀을 여행하는 두 번째 방법은 배를 타고 블루홀 안으로 들어가 보는 것입니다. 배는 관광객을 싣고 3시간을 달려 블루홀 안에 멈춰섭니다. 자신만만하게 바다로 뛰어들었지만 깊은 심연으로 빨려 들어갈 것만 같아 물질 몇 번에 배로 돌아왔습니다. 환초 주변은 수심이 낮아 다양한 열대어가 몰려다니고 산호의 영광스런 합창이 주변을 압도합니다. 동승한 서양 젊은이들은 큰 산소통을 메고 블루홀로 뛰어듭니다. 그들은 무엇을 보고 왔을까요. 블루홀 내부의 수직벽은 지구의 역사를 보여주는 확실한 증표라는데, 그들은 켜켜이 쌓인 지구의 역사를 보았을까요. 무엇을 보았냐는 저의 질문에 노르웨이 청년은 고개를 갸우뚱합니다.

유명 다이버인 Ramon Llaneze는 영상물인 〈Great Blue hole-exploring mysterious botton of Belize blue hole〉을 통해 수면에서부터 그레이트 블루홀의 바닥까지 블루홀 내부에 남겨진 지질학적 흔적을 기록해놓았습니다. 영상을 따라 살펴본 그레이트 블루홀의 내부는 수심 74미터까지는 석회암반의 수직벽으로 되어있는데, 벽 표면엔 날카로운 돌출 부위가 날개같이 튀어나와 있습니다. 이 석회암벽은 1만 2000년 전에는 육지였다고 합니다. 수심 96미터 지점도 1만 4000년 전까지만 해도 육지였고요. 카메라는 더 깊은 세상을 향해 수직으로 내려가며 주변을 기록합니다. 수심 114미터에 이르면 죽은 산호 화석들이 실물 그대로 주변에 즐비하게 남아 있어 마치 정원을 장식한 화초같아 보입니다. 산호의 무덤으로 불리는 이곳은 왜 생겼을까요? 산호초가 넓은 지역에 산개한 걸 보면 과거에는 수심이 9미터 이하의 낮은 바다였다는 뜻이고, 주변이 죽은 산호로 가득한 것은 갑작스런 수위 증가로 인해 광합성을 할 수 없었던 산호가 집단 폐사했음을 알 수 있습니다. 그때 지구엔 무슨 일이 있었을까요? 우리는 알 수 없지만 그레이트 블루홀은 그날의 사건을 기억하고 있겠죠. 어딘가에 기록해 놓았는지도 모릅니다. 다이버의 카메라는 다시 아래로 향합니다. 그리고 이번엔 수심 115.5미터에 이르러 54.4미터 길이의 종유석이 걸려 있는 동굴을 찾아냅니다. 종유석은 탄산칼슘이 이산화탄소가 섞인 물에 녹아 흐르다가 이산화탄소가 공기 중으로 방출되며 응고되는 것으로, 천 년에 1입방인치 형성된다고 하니 웬만한 종유석은 수십만 년에서 수백만 년에 걸쳐 만들어졌다고 봐야겠죠. 그런데 종유석은 바다에서는 만들어질 수 없습니다. 그러니 그레이트 블루홀의 종유석 동굴도 생성을 멈추기 전까지는 육지였다고 봐야겠죠. 종유석 동굴을 떠난 다이버는 곧 그레이트 블루홀의 바닥에 닿습니다. 바닥의 깊이는 123.7미터로 다이버는 바닥조차도 2만 년 전엔 육지였다고 말합니다. 2만 년 전부터 지구엔 어떤 일이 시작되었기에 그레이트 블루홀은 시간대별로 대지에 기록을 남기고 있을까요.

마지막 빙하기는 신생대 제4기에 있었던 플라이스토세 빙하기로, 약 160만~1만 2000년 전으로 알려져 있습니다. 플라이스토세 빙하기는 기원전 1만 2000년 전에 녹기 시작해 기원전 8000년에 이르러서야 끝이 났고, 그 이후로는 지금과 같은 온화한 기후가 1만 년간 이어졌습니다. 2만 년 전엔 빙하기였고 지구의 많은 물이 얼어 있었을 테니 그레이트 블루홀의 바닥이 육지였을 정도로 수위가 낮았음을 알 수 있습니다. 빙하가 녹고 수위가 높아지며 그레이트 블루홀의 환초도 위로 자라 지금에 이르렀으니 그레이트 블루홀은 지구의 빙하기 역사와 함께한 산증인이라 할 만

합니다. 아주 오랜 옛날의 기억만이 아닙니다. 라이스 대학과 루이지애나 주립대학의 연구팀이 그레이트 블루홀과 주변 석호의 침전물을 분석한 결과, 서기 800년부터 900년까지 강수량이 급격하게 줄어들었음을 발견했다고 합니다. 바로 869년, 전기 마야의 실종이 나타난 때입니다. 당시 유카탄 반도에는 라니냐 현상해수의 용승 현상 때문에 저 수온 현상이 강화되어 비구름이 형성되지 않는 현상이 나타났습니다. 라니냐 현상은 바람을 타고 내륙으로 불어닥쳤고, 내륙의 정글마저 서서히 말라 들어가는 극심한 가뭄이 시작되었습니다. 이런 이유로 마야는 문명을 포기하고 원시의 삶으로 돌아간 것이 아닐까요? 티칼에서는 찾지 못한 마야 실종의 단서를 벨리즈에 와서야 찾은 듯합니다. 모든 역사적 사건의 배후에는 비 또는 불이 있었습니다. 그 비와 불을 조정한 주범은 어쩌면 바람이 아닐지 모르겠습니다. 바람과 문명의 이야기를 다룬 한 다큐멘터리의 마지막 문구가 떠오릅니다.

"바람은 인류의 문명을 좌우한다."

결국 마야는 바람에 그렇게 맥없이 쓰러졌습니다.

유카탄 반도는 곤드와나 대륙과 로라시아 대륙이 만나며 융기된 지반입니다.
그래서인지 석회암이 녹아 지반이 가라앉은 싱크홀이 많습니다.
지하 세상의 싱크홀로 들어가니 신비로운 분위기가 느껴집니다.
그냥 지나칠 수 없어 물장구라도 쳐봅니다.

마야가 존재한 신전도시는 신과 인간의 공동 거처였습니다.
전사의 신전은 신과 인간이 함께 존재하는 공간이었죠.

후기마야의 상징, 쿠쿨칸 피라미드는 364개의 단을 쌓아 피라미드를 만들고
피라미드 정상에 신전을 지어 365단을 완성한 의도적인 건축물입니다.

마야의 공놀이는 엉덩이, 어깨, 머리로 고무공을 쳐서 먼저 10미터 위의
작은 고리를 통과시키는 팀이 승리하는 방식이었습니다.
신에게 다가가려는 전사들의 아우성이 들리는 듯합니다.

우주에서 날아온 운석은 지구의 물질과는 근본적으로 다른가봅니다.
장사라면 충분히 들 수 있을 크기인데, 무게가 약 14톤이라고 합니다.
직경 15킬로미터의 운석은 무게가 얼마일까요?
6500만 년 전 그날, 지구가 산산이 부서지지 않고 충격을 이겨낸 게 얼마나 다행인지요.

초록의 산호지대와 검푸른 바다는 자로 그은 듯 뚜렷합니다.
산호는 광합성을 해야 해서 수심이 낮기 때문이죠.

블루홀 여행의 중심지,
산 페드로는 경비행기와 스노클링 보트의 출발지입니다.

세상에서 가장 아름다운 눈은
클레오파트라의 뇌쇄적인 눈도,
양귀비의 애교스러운 눈도 아닌
그레이트 블루홀입니다.
비행기에서 내려다본 그레이트 블루홀은
지구의 눈으로 손색이 없습니다.

여행은 눈으로 보고, 귀로 듣고, 마음으로 느끼는 과정입니다. 인간에게는 오감이 있고, 뇌는 오감이 전해준 정보를 모아 감정의 진폭을 정하게 됩니다. 그러니 새로운 오감을 만끽할 수 있는 여행은 무뎌지는 감정을 활성화시키는 과정입니다. 중미에서 저의 오감은 무엇에 반응했고, 어떻게 반응했을까요. 조금이라도 새롭게 이해하고 깨달은 것이 있었을까요.

중미 여행은 눈으로 놀라고 귀로 공감하며 피부로 세상을 인지하는 과정이었습니다. 냄새와 맛으로는 익숙하지 않은 다른 세상에 있음을 알았습니다. 그렇게 저는 중미를 조금씩 알아가고 이해했습니다. 여행의 끝에서 저는 제가 이해하며 지나온 거리를 돌아보았습니다. 돌이켜본 중미는 많은 사연들이 사연으로 끝나 아쉬움이 가득한 땅, 희망보다 절망이 커 보이는 땅, 역사는 처절하고 신화는 우울한 땅이었습니다.

이종헌 님은 『우리가 미처 몰랐던 터키 역사기행』(소울메이트, 2013)에서 "문명이란 늘 야만의 얼굴을 담고 있다. 인류의 역사는 벽돌과 철이 아닌 피와 살로 세워졌다고 해도 과언이 아니다" 라고 인류의 역사를 표현했습니다. 중미에도 문명이 세워졌습니다. 그 과정에서 문명은 피로 얼룩졌고, 사람들은 피 위에 벽돌을 쌓았습니다. 하지만 결국 문명은 부정되었고 소각되었으며 결국 사라져 버렸습니다. 그러니 제가 중미에서 보고 들고 느낀 게 맞는 것인지 확신이 들지 않습니다. 마르코 폴로는 역사의 현장에서 보고 들은 진실을 자신 있게 소개했습니다. 왜곡이 있었다지만 당시의 상황을 전하는 데 부족함이 없었습니다. 반면 21세기의 중미를 여행하는 저는 진실이 무엇인지 알지 못한 채로 그저 실수하지 않으려고 노력하고 있을 뿐입니다. 미지의 세계에 첫 발을 딛는 여행자에게 필요한 것은 용기와 호기심으로 충분하지만, 저는 지식과 정보에 포위된 듯합니다. 그래서 중미편을 끝내며 좀 더 자유롭게 세상을 음미했어야 했다는 아쉬움이 남습니다.

모든 여행기는 독자가 그 땅을 홀로 여행하고 있다는 기쁨을 주어야 한다고 생각합니다. 저의 이야기는 여행의 기쁨을 어디까지 전달했을까요. 부족한 스스로에게 질문을 던지며 라틴아메리카의 한 부분인 중앙아메리카 여행을 끝냅니다. 마지막으로 귀한 사진을 제공해주신 오정일 선생님, 이상운 선생님과 도움을 주신 모든 분께 감사의 마음을 전합니다.

지중해를 이리저리 기웃거리다가.

채경석

중미,

라틴을 꽃피운 땅

펴낸날 초판 1쇄 2018년 9월 1일

지은이 채경석

펴낸이 임호준
본부장 김소중
책임 편집 박준영 | **편집 1팀** 윤혜민 안진숙 장여진
디자인 왕윤경 김효숙 정윤경 | **마케팅** 정영주 길보민 김혜민
경영지원 나은혜 박석호 | **IT 운영팀** 표형원 이용직 김준홍 권지선

인쇄 (주)웰컴피앤피

펴낸곳 북클라우드 | **발행처** (주)헬스조선 | **출판등록** 제2-4324호 2006년 1월 12일
주소 서울특별시 중구 세종대로 21길 30 | **전화** (02) 724-7625 | **팩스** (02) 722-9339
포스트 post.naver.com/bookcloud_official | **블로그** blog.naver.com/bookcloud_official

ISBN 979-11-5846-253-6 13980

• 이 도서의 국립중앙도서관 출판예정도서목록(CIP)은 서지정보유통지원시스템 홈페이지(http://seoji.nl.go.kr)와 국가자료종합목록시스템(http://www.nl.go.kr/kolisnet)에서 이용하실 수 있습니다. (CIP제어번호 : CIP2018025864)

• 북클라우드는 독자 여러분의 책에 대한 아이디어와 원고 투고를 기다리고 있습니다.
책 출간을 원하시는 분은 이메일 vbook@chosun.com으로 간단한 개요와 취지, 연락처 등을 보내주세요.

북클라우드는 건강한 몸과 아름다운 삶을 생각하는 (주)헬스조선의 출판 브랜드입니다.